採用から退職までの
実務がよくわかる

中小企業のための
人事労務
ハンドブック

池内恵介【著】

同文舘出版

はじめに

　人事労務に関する業務を行なう上で、法律など最低限おさえておかなければならない知識が求められますが、「そうした細かいことをいちいち気にしていたら会社は回っていかない」と感じていらっしゃる中小企業の経営者は多いのではないでしょうか。
「そうしたことは社内の誰かに任せておけばよい」とお考えになっているかもしれません。しかし、そうした知識を持った人が社内にいらっしゃいますか。管理部長は経理畑ではありませんか。実は中小企業では、会社として備えておくべき人事労務関連の業務遂行能力が"死角"になってしまっていることが多いのです。

　こうした死角を中小企業の経営トップあるいは経営管理者に埋めていただくのが本書の目的です。忙しい業務の中、限られた時間で理解していただくよう、ここだけ知っておけばOKという必要十分条件を満たした法的知識、実務的知識に絞った内容にしてあります。

　またこの手の類書は、たいていが人事労務の実務担当者向けに書かれており、経営的な着眼点は記載がされていませんが、本書は、経営者として、あるいは経営管理者として従業員をどうマネジメントしていくべきかという経営的な視点を合わせて盛り込んでいます。経営者、経営管理者が人事労務に関わる取り組みを行なおうとしたときに、これ1冊で大概のことに対応できる内容としています。ぜひとも経営者、経営管理者の皆さんのハンドブックとしてお手元にこの1冊をご用意ください。

2011年8月　池内恵介

中小企業のための人事労務ハンドブック　＜目次＞

はじめに

序章

- 一番大切な経営資源はヒトである ……………………………… 6
- ヒトを雇ったときの3つの戒め …………………………………… 9
- やる気と成果を倍増させるヒトの活用法 ……………………… 12

1章　採用活動

1　最初が肝心「要員計画」をしっかりと立てよう ……………… 20
2　効果的な人員募集のコツ ……………………………………… 26
3　適材を見分ける！　採用書類選考のポイント ……………… 34
4　ジョーカーをつかまない！　採用面接のミニ知識 ………… 36

2章　雇い入れ

5　完全リスク回避　労働契約書作成ポイント ………………… 42
6　つくっておくにこしたことはない、誓約書のおさえどころ ……… 46
7　絶対に取っておきたい！　身元保証書の作成ポイント …… 48
8　確実に行なおう！　入社手続き①　労働保険および社会保険 …… 52
9　確実に行なおう！　入社手続き②　その他 ………………… 56

3章　勤務時間

10　基本中の基本　けじめの勤怠管理 …………………………… 62
11　生産効率を上げる勤務時間編成方法①　勤務時間の原則 …… 66
12　生産効率を上げる勤務時間編成方法②　変形労働時間制 …… 70

13	生産効率を上げる勤務時間編成方法③　フレックスタイム制	74
14	生産効率を上げる勤務時間編成方法④　みなし労働時間制	78
15	下手をすると大損になる　正しい休日設定の方法	82
16	侮ると怖い！　時間外労働を正しく認識する	86
17	適切な年次有給休暇の取り扱い方	90

4章　給　与

18	労働生産性アップにつながる賃金の考え方	94
19	月給制と時給制　その違いを理解して有利に使い分けよう	96
20	中小企業にフィットした賃金表のつくり方	98
21	損をしない「手当」項目の設け方	104
22	賃金支払に関するルールの正しい理解	108
23	しっかり理解して間違えない！　給与計算方法①　給与明細の構造	110
24	しっかり理解して間違えない！　給与計算方法②　控除欄(社会保険)	114
25	しっかり理解して間違えない！　給与計算方法③　控除欄(税金)	118
26	社員のやる気を引き出す賞与の出し方	120
27	評価制度のあり方	122

5章　労働保険・社会保険管理

28	知っておきたい社会保険の概要	130
29	損をしない！　社会保険定時決定と随時改定	134
30	ミスをしない！　さまざまな社会保険、労働保険手続き	140
31	労災保険を有効に利用しよう	144
32	雇用保険を有効に利用しよう	146
33	理解すれば簡単！　労働保険料年度更新	148
34	はじめて人を雇うときの社会保険・労働保険手続き	154

6章　その他の労務管理

- 35　細かいことだけど、とても重要！　通勤管理のしかた……………160
- 36　トラブル防止！　人事異動、職務転換の注意点………………162
- 37　油断すると痛い目にあう！　安全衛生管理………………………164
- 38　社員を守るための健康診断の受診実務……………………………168
- 39　泥沼にならないための「病欠および療養休職」対処法……………170
- 40　足元をすくわれない懲戒の進め方…………………………………172
- 41　費用対効果から考えるパートタイマー活用法……………………174
- 42　派遣社員を有効に活用しよう………………………………………180
- 43　落とし穴に注意！　就業規則作成のコツ①………………………186
- 44　落とし穴に注意！　就業規則作成のコツ②………………………190

7章　退職・解雇

- 45　手堅く行なおう！　退職手続き①　労働保険および社会保険……196
- 46　手堅く行なおう！　退職手続き②　その他…………………………202
- 47　中小企業に合った退職金の支払い方………………………………204
- 48　しっぺ返しをくらわない！　健康を害した労働者の辞めさせ方…210
- 49　リスクをシャットアウト！
　　　勤怠不良、成績不良の労働者の辞めさせ方………………………212
- 50　締めが肝心、解雇手続きのしかた…………………………………214

終章

- 人事・労務の業務に取り組むための体制……………………………218

あとがき

カバーデザイン●坂井正規（志岐デザイン事務所）
本文デザイン・DTP●シナプス

序章

一番大切な経営資源はヒトである
ヒトを雇ったときの３つの戒め
やる気と成果を倍増させるヒトの活用法

一番大切な経営資源はヒトである

手間をかけた分だけ、会社へのリターンが大きくなる

●人材を取り囲む現況

「一番大切な経営資源はヒトである」、本項の見出しを見て、「なんだ、この本はずいぶん当たり前のことを言うなあ」と思われる読者も多いでしょう。そうです。本書は、まずは当たり前のことを正確に理解してもらうところからスタートしたいと思います。

　世の多くの経営者は、「人材は宝だ。人を大切にしなければならない」ということを言います。人材の「材」の字を「財」に置き換えて、「人財」と意図的に表記する会社も多くあります。しかし、そうした会社のすべてが、はたして本当に実際に人を大切にした人事施策を採っているでしょうか。
　もちろん、ぶれることなく、人を大事にしている会社もたくさんあると思います。30年から40年という長い時間をかけて、人を育てていくという姿勢を持った会社が、これまでの日本を支えてきたのです。トヨタ自動車などはその代表格でしょう。

　しかし、バブル崩壊以降、日本の多くの企業は、生き残りのため、従来の雇用システムを変質させてきました。「終身雇用制」という言葉もこの十数年間で、セピアカラーに染まった嫌いがあります。
　不況期においてはリストラという言葉の下、解雇や早期退職制度などで従業員に辞めてもらうことを実行した会社は、星の数ほどあ

ると思われます。このような流れの中で、世の中には、「手軽に人を入れ替えられる」という空気が、徐々に生じてきていることは否定できません。「人材は宝だ」と口にしている経営者でも、こうした空気を吸いながら、経営をしているのが現実です。

●「ヒト」よりも「カネ」を優先してしまう理由

特に、創業してあまり時間が経っていない会社の経営者の中には、「人材が大切」であることの意味合いに不理解な方がいます。会社を起業して、事業を拡大していく際に、どうしても「カネ」のことで頭がいっぱいとなり、「ヒト」は二の次と考えている中小企業の経営者を筆者はたくさん知っています。

「ヒト、モノ、カネ」と言われる経営資源の中で、ヒトが大切だとわかっていても、カネを優先してしまうのには理由があります。
ひとつには、**ヒトよりもカネに関する知識を持った人が経営者の周りにいる**からです。創業期から第一成長期の企業では、社長の片腕には経理畑の役員を置くところが多いでしょう。こうした事情から、多くの中小企業では、カネを中心に事業を進めていくことになります。
もうひとつの理由として、**ヒトは不可測な経営資源**だという点があげられます。詳細は後述しますが、ヒトという"心を持った"経営資源は、思うようにコントロールできない特性があります。だから、経営者として手を出すことに億劫になってしまうのです。

●「ヒト・モノ・カネ」のコストパフォーマンス

でも、不可測だからこそ、そこには計り知れない可能性があるこ

とを、感じていただく必要があります。ここで経営資源の投下効率＝コストパフォーマンスを考えてみましょう。

　まずはカネです。カネ自体を投下したら金利がつくでしょう。しかし金利は通常考えれば短期間に２倍、３倍となるものではありませんね。下手をすれば元本割れのリスクもあります。

　モノはどうでしょうか。工場の設備などを投入すれば、場合によれば何倍ものリターンを得ることもあるでしょう。ただ、モノには寿命があります。一定期間で老朽化していくので、トータルで考えれば効率にも限界があります。

　最後にヒトです。ヒトはたしかに育成に手間ひまがかかるのですが、扱い方次第では、やる気を出し、知恵を出し、そして一所懸命に汗をかいてくれることで、リターンは無限大に膨らみます。
　しかも、老朽化が進んでいくにつれ効率が悪くなるモノと違って、**時間の経過とともにスキルが向上していきますので、リターンはどんどんと大きなものになっていきます。**
　もちろん、ヒトにも寿命がありますし、年をとることでスキルが陳腐化してしまう側面もあるでしょうが、普通は極めて長期間有効に活用をすることが可能なのです。ただ、扱い方を間違えてしまうと、まったくのノーリターンになるリスクもあります。そこは経営者の腕の見せ所です。

　このようなヒトの特性を理解したうえで、本当の意味で「一番大切な経営資源」としてヒトを捉えることが、経営を成功させる大きな鍵となるということを、まずは頭に置いてみてください。

序章

ヒトを雇ったときの
3つの戒め

すべての経営者が肝に銘じておくべき戒め

　前項では、ヒトは使い方次第では、コストパフォーマンスが無限大となるという旨をお伝えしましたが、これには3つの戒めを重々わきまえておくことが肝要です。

　その戒めとは「ヒトには投資が必要である」「ヒトには手間がかかる」「ヒトには心がある」です。

●ヒトには投資が必要である

　当然のことながら理解しておかなければならないのは、ヒトにはしっかりとした投資が必要だということです。

　まず、採用する段階で効率よくよい人材を入社させるためには、人材紹介会社や人材募集媒体などを活用しますが、ここで経費が発生します。いざ、入社となってからは、月々の給与を支払わなければなりません。そしてこの給与額に付随して社会保険料、労働保険料も発生することになります。法定で必要とされる健康診断の受診料も必要です。

　また、これらに加えて、少しでも優秀な人材を企業として定着させようと思ったら、福利厚生に関する費用もかさむこととなります。これ以外に多くの企業では、賞与も支給するでしょう。そして退職するときには、退職金を支払うところも多いと思います。

　さらに、ヒトを雇用していくことで発生する事務費もばかになりません。例えば給与計算などは社内で人を雇って対応するか、それ

ともアウトソーシングしていくか、いずれにしても経費がかかることになります。

このようにヒトを雇うと想像以上にカネが出ていくものです。これに対して中途半端にけちをすると、コストパフォーマンスを思い切り低下させることにつながりかねません。すると、企業として立ち行かないということになります。**一定の人件費はかけなければならない**ものと割り切って捉えることが肝要です。

●ヒトには手間がかかる

ヒトを育てるには大変な手間がかかるものです。雇ったばかりの頃は、何もわからない状態なので、一から十まで手取り足取り教えていかなければなりません。理解をしたからといって、こちらのイメージ通りに仕事をしてくれるとは限りません。出来栄えの芳しくない仕事ぶりに、いらいらすることが続くかもしれません。一方、教えるほうも時間を取られ、他にすべきことに手が回らなくなるので組織全体のパフォーマンスが低下してしまうということも出てくるでしょう。

また、不良な人材を雇ってしまうと、いくら教えても吸収しようとはせず、逆らうような態度をされてフラストレーションを溜め込むことにもなりかねません。このような不良人材は辞めてもらうほうがよいのですが、こちらの思惑通りにことが進むとは限らず、辞めてもらうまでに多大な手間がかかり、そのあとも新たなヒトを雇い直し、一から育てることになります。

このように多くの労力と時間がかかるので、前述したように、つい放置してしまうということになるわけです。しかし、**手間をかけ**

なければ有益な人材を手に入れることはできません。手間をかければそれだけリターンが大きくなるという気持ちを持って、根気強く育てていく以外に道はないのです。

● ヒトには心がある

これは、一番重要な"戒め"です。他の経営資源との決定的な違いはこの一点です。

人間は誰しも気持ちの状態に応じて、仕事への影響が少なからず出るものです。ふて腐れた状態、けんかをした状態などでは、よい仕事などできるはずもありません。やる気を出した状態であれば、どんどんと成果を出すことになるでしょうが、やる気なく仕事をさせれば、ミスなどをして損害を被ることにもなりかねません。

就業時間中、いかにやる気のある状態を維持させるかを常に考えることが大切です。つまりヒトに対しての心のマネジメントをするのです。これには、経営者と従業員の人間関係がベースになってきます。これに加えてモチベーションを上げる方法論を理解することが必要です。そのことを次項で解説します。

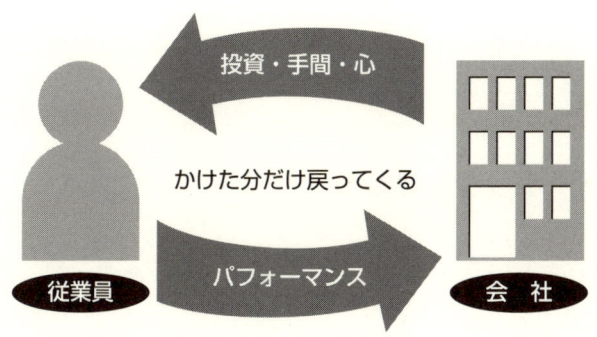

やる気と成果を倍増させるヒトの活用法

モチベーションアップに役立つ理論を意識しよう

●モチベーションを意識したマネジメント

　ヒトという経営資源の投下効率＝コストパフォーマンスを向上させるためには、前項の３つの戒めを踏まえて人事政策を行なうということになります。つまり、しっかりと投資をして、中長期視点で育成していくというスタンスを持ち、そしてモチベーションを意識したマネジメントを行なうということです。

　投資をすることと、中期的視点で育成するということについては、経営者がどれだけ我慢できるかにかかっています。いくらカネをかけても、いくら教育を施しても、なかなか思い通りの人材にならないと感じることはしばしばあると思いますが、短気を起こさずに腹を据えるしかありません。

　一方、モチベーションを意識したマネジメントについては、一定の理論が形成されていますので、それを知っておくとマネジメントの幅が広がると思います。ここでは、有名なものをいくつかご紹介しておきたいと思います。どれも会社経営の現場に当てはめて考えることができるものです。

●リーダーシップの３類型

　K. レビンというドイツの社会心理学者がいます。彼は、組織の長が行なうリーダーシップには、「独裁型」「放任型」「民主型」の

3パターンがあり、最も優れたリーダーシップパターンは、民主型であると主張しています。

　独裁型リーダーシップは、リーダーがすべてを支配しようとするものです。このスタイルでは、部下は監視されているときには懸命に働きますが、目の届かないところでは手を抜くので、パフォーマンスは頭打ちとなってしまいます。
　次に放任型リーダーシップですが、このスタイルでは、部下たちは緊張感に欠け、仕事の能率も著しく低下をしていきます。
　一方これらに対して民主型リーダーシップは、基本的に部下に関心を寄せながらも仕事を任せるというスタイルです。
　仕事を任された部下たちは、自分たちで討議をし、考えながら解決を図っていきます。そしてリーダーは必要なところだけ、アドバイスをしていきます。
　こうすることで部下たちの主体性が維持され、意欲を高めることになり、高いパフォーマンスにつながるとしています。
　ここから読み取れるキーワードは、**権限委譲**です。民主型リーダーシップを実現するには、「**任せてやらせる**」ということです。はたして皆さんはこれができていますでしょうか。なかなか難しいことだと思います。

リーダーシップ3類型

類　型	内　容
独裁型リーダーシップ	リーダーが独善的にすべてを決定
放任型リーダーシップ	個々人の自由決定
民主型リーダーシップ	リーダーの助言により集団討議にて決定

● PM理論

　続いて、心理学者の三隅二不二の「PM理論」をご紹介いたします。「P」はパフォーマンスの頭文字で、業績を伸ばすことへの関心、スキルを表します。「M」はメンテナンスの頭文字で、これは部下との人間関係維持への関心、スキルを表します。

　マネジメントをしていく上では、PもMもともに優れたPM型が高い業績を実現するとしています。業績に関心が強くても人間関係維持を軽視するPm型では、長期的な生産性向上につなげられません。

　一方、人間関係重視のpM型は、短い期間で集中して業績をつくっていくということができません。マネジメントに携わる者は、業績にも人間関係にもバランスよく気を配り、ときにはガツンと、ときには暖かく部下を指導していくPM型を目指すべきであるとしています。一代で会社をつくってきた経営者にはPに偏った人が多いのではないでしょうか。この点、Mの要素をしっかりと採り入れた

PM理論

	業績達成機能 弱	業績達成機能 強
人間関係維持機能 強	pM型	PM型
人間関係維持機能 弱	pm型	Pm型

14

マネジメントができれば鬼に金棒となるでしょう。

●ライフサイクル論

ここまでご紹介した2つの理論は、リーダーシップのあり方がやや固定的な印象のものでしたが、状況に応じてリーダーシップスタイルを変えていくという考え方に、リーダーシップコンティンジェンシー理論というものがあります。その代表格が心理学者P. ハーシーとK. ブランチャードが唱えた「ライフサイクル論」です。彼らは部下の育成過程に応じて、リーダーシップのスタイルを変えていくべきであるとしています。

彼らの理論は以下の通りです。まず、新人に対しては、ヒューマンタッチ（つまりPM理論でいうところのMの要素）の量を少なめ

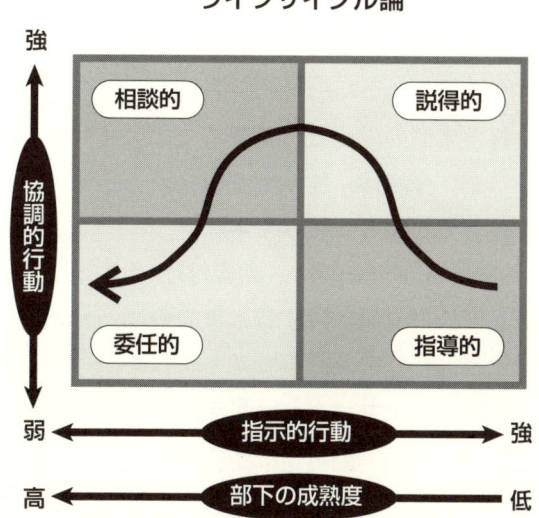

ライフサイクル論

※時系列でリーダーシップスタイルを変えていくことが特徴です。
※成熟度が高まるにつれ指導⇒説得⇒相談⇒委任と変化していきます。

の「指導」(つまりＰＭ理論でいうことろのＰの要素を前面に出す)というスタンスで教育を徹底していきます。

　仕事が少しずつわかってきたら、「説得」を施し、さらに「相談」に乗ったりしながらヒューマンタッチの量を増やしていき、逆に指示的な行動を徐々に逓減させていきます。この局面では優しい言葉をかけたり、ほめたりすることを織り交ぜながら、教育をしていくのです。

　そして仕事の成熟度がもっと高まっていけば、そこでは「委任」というスタンスで対応します。ここではヒューマンタッチは抑えていき、一方指示的行動もほとんどとらなくなります。

　こうした対応により、部下のモチベーションをどんどんと高めていくことを可能にするのがこのライフサイクル論です。ちなみに「相談」⇒「委任」あたりまでくれば、レビンのいう民主型リーダーシップとしての権限移譲が有効になされていることとなります。

●動機付け・衛生理論

　以上は、経営者側の立場で、部下のモチベーションを上げるための方法論でした。今度は、従業員側の立場でどういうときにモチベーションを感じるかを考えてみます。

　ここでは、F.ハーズバーグの「動機付け・衛生理論」を紹介します。ハーズバーグは、従業員に対する人事施策は、大きく「動機付け要因」と「衛生要因」に分かれると考えました。

　動機付け要因は、それにより満足を感じてモチベーションが向上

動機付け衛生理論

動機付け要因	昇進、昇格、承認、責任、達成感、仕事の内容
衛生要因	給与、作業環境、仕事上の対人関係、福利厚生

していくもので、例えば、昇進、承認、責任、達成感、そして仕事そのものなどがこれに当たります。

　一方、衛生要因は、それがまったくないとモチベーションを大きく低下させることとなるが、それがあってもモチベーションアップにはつながらないもので、例えば、職場環境、給与などの労働条件、人間関係などが相当します。

　ハーズバーグは、モチベーションアップの鍵となる動機付け要因をできるだけ従業員に与えることが重要であると主張しています。例示した動機付け要因は、平たく言えば「仕事を主体的に取り組み、その成果を認めてもらう」ことだということができます。これは、仕事を任されることにより実現できると考えられますので、裏を返せば、レビンの民主型リーダーシップやP. ハーシー＆K. ブランチャードの「委任」状態をどうつくるかということになります。つまり、これらの理論はある意味で表裏一体なわけです。

●理論を実践に役立てる

　こうした理論をヒントに、ヒトの心をマネジメントすることは、ヒトという経営資源のコストパフォーマンスを向上させる上で大きな鍵になるものと筆者は考えます。これらを「学者が言うことなど実践では役立たない」と決めつけないでください。これらはどれも経営実践の場が研究対象となり積み上げてきたものであり、とても有益なものです。経営者としてこのような理論を知っておくのと知らないのとでは、"マネジメントの力"に大きな差が出てくるものと思われます。

　ここでご紹介したもののほか、リーダーシップ理論、モチベーション理論と言われるものは、世に多々あります。ぜひ参考にするとよいでしょう。

1章
採用活動

01　最初が肝心「要員計画」をしっかりと立てよう
02　効果的な人員募集のコツ
03　適材を見分ける！ 採用書類選考のポイント
04　ジョーカーをつかまない！ 採用面接のミニ知識

01 最初が肝心「要員計画」をしっかりと立てよう

ヒトを最大限に活かす準備をしよう

● まずは計画ありき

　ここからは、実務的な話を進めていきましょう。人的資源管理とは、従業員を採用してから退職させるまでの一連のフローを管理することを言いますが、その人的資源管理の起点となるものが「要員計画」です。要員計画は企業が採用活動を進めていく上でのチャート（海図）となります。

　要員計画は、「どのセクション（部門）に、どんな人材を、どの位のボリュームで採用するか」について考えていくものです。計画を立てる際には、企業業績の推移、事業活動内容や組織計画、今後の退社予定者数の予測などの要因を考慮していきます。つまり、要員計画は経営計画とダイレクトに連動したものであり、裏を返せば経営計画の重要なパーツであるということができます。

　事業をしっかりと成長させていくためには、経営計画の策定は不可欠です。どんなことをするにも事前になすべきことのイメージを描いてから、ことに当たるほうがスムーズに運ぶものですよね。

　企業活動においても、どんな商品にニーズがあるか、それを売るためにはどんな方法をとるべきか、その結果としてどれくらいの業績を上げることができるのか、その業績をつくるためにはどのような体制を整えるべきか、といったイメージを経営計画の中にしっかりと落としこんだ上で事業を進めていく会社は必ず伸びるものです。

それでは、要員計画のつくり方について、具体的に説明していきます。

まず、計画のタームですが、およそ3年から5年位のものにするとよいでしょう。つまり通常の中期経営計画のタームと連動させるということです。単年度で捉えると、どうしても変則的要因が入りこみ、中長期的に安定した要員体制を組みづらくなります。

●マクロ的アプローチ

計画づくりのアプローチ方法には、マクロ的なものと、ミクロ的なものの両面があります。

マクロ的アプローチは、業績の推移に従って、財務指標に基づき必要な人員数を算出していくものです。

表01をご覧ください。現在社員数は8名で、売上規模で、第1年度（現在）の2億円に比べて第5年度は4億円に倍増させようと目論んだ経営計画を持つ企業を例にとって見ていきましょう。

表01　要員シミュレーション

	1年度	2年度	3年度	4年度	5年度
売上高予想	200,000,000	250,000,000	300,000,000	350,000,000	400,000,000
売上高総利益率予想	40%	40%	40%	40%	40%
売上総利益予想	80,000,000	100,000,000	120,000,000	140,000,000	160,000,000
労働分配率予想	40%	40%	40%	40%	40%
かけられる人件費額	32,000,000	40,000,000	48,000,000	56,000,000	64,000,000

要員1名あたり400万円のコストがかかると想定する

理論上の要員数	8	10	12	14	16
実際の当年の社員予定人数	8	8	10	12	14
退社予想社員数	0	1	1	2	2
採用予定人数	0	3	3	4	4

第5年度には、売上4億円、売上高総利益率が40％と仮定すると売上総利益額は、1億6千万円、そして、労働分配率（売上総利益額に対する人件費の割合）を40％と仮定すると、かけることのできる人件費額は6,400万円となります。そして、1名当たり400万円の人件費と仮定した上で、理論値として16名の要員数というものが算出されます。

　このように、経営計画の売上高業績予想から、これまでの傾向を踏まえて設定した売上高総利益率や労働分配率を使って算定すると、総人件費の規模感をつかむことができ、ここから人数ボリュームを割り出すことができます。
　そして、現在の社員数に、もし今後退職することが決まっている社員がいたらその人数を減殺して算出していくと、今後どの位の人数を採用していかなければならないかのアウトラインを把握することができます。

　なお、要員1名当たりにかかる費用については、その企業の給与水準により異なりますが、とりあえず現在の総人件費額を人員数で除した平均値を活用することで大きな問題はないでしょう。

　ちなみに、この表では、採用予定人数は、理論上の要員数－（実際の当年の社員予定人数－退社予想人数）で算出されることとなります。実際の当年の社員予定人数とは、前年度の採用予定人数を採用したと仮定してそれを加味した人数ということです。

　このようにマクロ的アプローチを使って、総人件費および要員数のボリューム感、そして毎年の採用すべき人数をつかむことが要員計画づくりの基礎作業となります。

●ミクロ的アプローチ

　続いてミクロ的アプローチです。ミクロ的アプローチは各セクションのニーズの汲み取りです。
「自分の部署には、このような人材を何名程度入れたい」という要望を積算していき、必要な要員数をつかんでいきます。

　これもおおよそ3年後、あるいは5年後くらいまでのところの必要な人数を各部署に求めてもらいます。当然ながら、ただ単に欲しいという声を拾うのではなく、そのセクションにとってなぜ必要なのかの根拠を明確にしてもらった上で、提出させます。
　現場では常に要員不足感があるものです。従って、明確な根拠がなければ認めないという経営としての強い姿勢を出していくことが必要となります。

　ちなみに従業員規模が20～30名くらいまでの規模の企業では、ミクロ的アプローチは現場に落とす必要はないと思います。この程度の規模であれば、要員の不足状態や今後投入しなければならないポジションなどについて経営者として把握しているはずだからです。

　ミクロ的アプローチにより積算した要員数は、おそらくマクロ的アプローチによるものに比べて大きくなると思われます。なぜなら現場は常に人が欲しいものなので、いくら根拠を明確にした上でといっても、やはり緩めの見積もりをしてきます。
　そこで最後に、ミクロ的アプローチによる数値とマクロ的アプローチによる数値の調整をすることになります。
　といってもマクロ的アプローチの数値を上方修正することはでき

ませんので、この場合にはミクロ的アプローチで出てきたセクションごとの要員数を削っていく作業を行なうことになります。
　ここで、一律に削るのか、セクションによりメリハリをつけて削るのかは状況によって判断していくことになります。

　このようにして、およそ5年程度でのセクション毎の要員数および、そこから単年度に落としての採用予定人数というものを導き出していきます。
　この要員計画は企業環境が大きく変化した場合などは、その都度修正をかけていくことになります。

●非正規社員の活用計画

　ところで、ここまでの説明では、わかりやすくするために、要員計画の要員数は、正規社員とパートタイマーなどの非正規社員に分けては考えてきませんでした。しかし、実際には、世の中の多くの会社ではパートタイマーなどの非正規社員を活用していると思います。
　パートタイマーなどを上手く活用すれば、人件費を圧縮することができ、営業利益率を高めることができます。

　また、賃金単価の低いパートタイマーなどの有効活用をしていけば、同じ人件費でもより頭数を増やすことが可能になります。
　そういった意味からすると、要員計画では、パートタイマーなどを戦略的に使う、いわゆる"要員ミックス政策"を前提に策定がなされるべきです（パートタイマーの活用については6章参照）。

　そこで、パートタイマー等の非正規社員も含めての要員計画を

改めて考えてみましょう。表02では、表01と同じ人件費額として、そこから理論上の要員数を検討したものです。

正規社員数と非正規社員数の組み合わせにより、いろいろなパターンができることになります。

ここでは、非正規社員の要員数は一定数として正規社員数を増加させていく例を提示しましたが、逆に正規社員の要員数を固定して、非正規社員数を変化させるシミュレーションも当然考えられます。こうしたパターンの中から、自社の状態に応じて最も適したものを選択し、それに基づき採用予定人数を算出していくことになります。

なお、ここでは派遣社員については、採り上げていません。しかし、派遣社員も現場では直接雇用の従業員と同じように頭数としてカウントするべき存在ですので、活用する場合には当然要員計画上、勘案をしなければなりません。算出の方法としては前述した非正規社員と同じ考え方でいいでしょう。

表02 要員シミュレーション（非正規社員含む）

	1年度	2年度	3年度	4年度	5年度
かけられる人件費額	32,000,000	40,000,000	48,000,000	56,000,000	64,000,000

正規社員1名当たり400万円、非正規社員1名当たり100万円のコストがかかると想定する

＜パターンA＞					
正規社員の要員数	7	9	11	13	15
非正規社員の要員数	4	4	4	4	4
＜パターンB＞					
正規社員の要員数	6	8	10	12	14
非正規社員の要員数	8	8	8	8	8
＜パターンC＞					
正規社員の要員数	5	7	9	11	13
非正規社員の要員数	12	12	12	12	12

02 効果的な人員募集のコツ

ニーズに合った人材と出会うための方法とは

●採用基準が明確になる「要員人材像申請書」

　前項の要員計画で単年度ごとの採用予定人数が算定されました。これに基づいて採用活動に入っていくわけですが、これだけでは、どこのセクションに何人採用するかしか把握できていませんので、そのセクションで求めている、より具体的な期待像、人物像に関する情報を入手する必要があります。

　これについては、当該セクションに「要員人材像申請書」（表03）を提出させていきます。この申請書に、「勤務地」「職種」「職務内容」「資格・必要条件」などの欄を設け、必要事項を記入させます。この情報に基づいて採用の募集準備を進めていくことになります。

　ただ、ここでも従業員規模が20～30名くらいまでの企業については、経営側がどんな人物を欲しいかわかっているはずなので、こうした申請書の各セクションからの提出というプロセスはなくても進められるかもしれません。

　ただし実際に、この後、募集および面接をしていく段階ではこの申請書に記入すべき情報が整理されていると大変便利ですので、ぜひこうしたフォーマットを活用することをおすすめします。

　この要員人材像申請書により、採用基準が明確にされます。採用基準が不明のままですと採用者の主観や好みによって、人選されてしまうことになります。そうなると適材適所とは程遠い状態となり、

表03　要員人材像申請書のサンプル

<table>
<tr><td colspan="4" align="center">要 員 人 材 像 申 請 書</td></tr>
<tr><td>求人部署</td><td>開発部</td><td>申請責任者</td><td>鈴木　正一</td></tr>
<tr><td>勤務地</td><td>本　社</td><td>希望年齢</td><td>30歳位～45歳位</td></tr>
<tr><td>配属希望時期</td><td colspan="3">平成○○年8月～12月</td></tr>
<tr><td>職　種</td><td colspan="3">開発業務全般：リーダークラス
・仕様設計
・プログラム製造</td></tr>
<tr><td>職務内容</td><td colspan="3">・小売業クライアント向け顧客管理システム構築
　（当面、大手量販店△△のプロジェクトに参加させることになる）
・顧客との折衝が頻繁に発生する
・使用する言語およびOS　：　Win、C、VB、SQLServer</td></tr>
<tr><td>資　格
必要条件</td><td colspan="3">・開発経験5年以上
・情報処理技術者試験ソフトウエア開発技術者
・オラクルマスター認定

・顧客との接点を持つことから、一定のヒューマンスキルが必要となる。なめらかに会話を成り立たせること</td></tr>
<tr><td>備　考</td><td colspan="3">・2ヶ月程度の長期出張が、年に1回程度発生する</td></tr>
</table>

1　章
採用活動

企業全体のコストパフォーマンスを大きく低下させることとなりますので、採用基準は必ず設定をしておかなければなりません。

●人材紹介機関の活用

さて、ここまで準備が整いましたら、いよいよ人材を募集していくことになります。募集の方法としては、大きく分けると人材紹介機関の利用と、媒体の活用の2通りが考えられます。まずは人材紹介機関にはどのようなものがあるか、そしてどのような活用方法があるかを見ていきましょう。

人材紹介機関は、公的機関と民間のものに分かれます。

公的機関の代表格はいうまでもなくハローワーク（公共職業安定所）です。ハローワークは厚生労働省都道府県労働局傘下の機関で、国の雇用政策の中心的実行部隊です。全国にネットワークを持ち、当然ながら求人、求職ともに膨大な情報量を保有しています。

またハローワークと同様に厚生労働省の外郭機関として、人材銀行といったものもあります。ここでは、求職者を40歳以上に限定し中高齢者の雇用促進をテーマとしています。その他の公的機関として、各自治体が管轄しているところもあります。例えば東京でいえば「東京しごとセンター」などがそれに当たります。

民間の紹介機関には人材紹介会社と再就職支援会社があります。人材紹介会社は、求職者と求人企業をマッチングさせることを主業務としているところです。ヘッドハンティング会社なども、広くはここに分類されるでしょう。

一方、再就職支援会社は、リストラを行なう企業から、その退職者の再就職の支援を頼まれるところです。ここでは前職を退職した

人を集めて、求人情報の提供、再就職へ向けたトレーニングなどを実施しています。

　この2つの一番大きな違いは、費用負担構造です。つまり、人材紹介会社はその費用は紹介される求人側企業が負担をするのですが、再就職支援会社は、費用は退職者が前に勤めていた企業が負担しますので、求人側企業の負担は発生しません。

　以上のように、さまざまな紹介機関がある中で、どこを、どのように活用すればよいでしょうか。着眼点は、「どれだけ費用をかけるか」と「どれだけ手間をかけるか」の2つです。2点のどちらにウエイトを置くかということにより活用方法が違ってきます。

●費用を抑えて人材募集するには

「手間はかけてもいいが費用はかけたくない」というニーズであれば、やはりハローワークや人材銀行などの公的機関を活用するのがよいでしょう。ここでは求人企業の負担は基本的に発生しません。

　ただし、こちらの望む人材像通りの情報をなかなか提供してはくれません。公的機関でも情報マッチングはしますが、情報量が膨大なだけに情報マッチングの精度は粗めになります。作成した「要員人材像申請書」の内容と大きくかけ離れた人物も次々に紹介されることとなります。従って選考にそれだけ手間と時間がかかることになるわけです。

　費用をかけたくないという点で言えば、再就職支援会社もおすすめとなります。再就職支援会社は、求職者のことはよく掌握しているので、公的機関に比べれば、的を絞った求人情報を提供してくれる可能性があります。

ただ、再就職支援会社は求職者の年齢層が全体的に高めとなる点に注意が必要です。

●ニーズに合った人材を募集するには

「費用は多少かかってもよいから、手間をかけずにニーズに合った人材を」ということなら、人材紹介会社を活用するのがよいと思います。人材紹介会社は、まさに情報マッチングを業務の要としていますので、作成した「要員人材像申請書」を担当者に渡しておけば、その内容に近い人物を紹介してくれます。

つまり「要員人材像申請書」をしっかりとつくっておくことが、人材紹介会社を活用するときに役立ちます。

人材紹介会社の担当者とは懇意になっておくことが大切です。やはり人間ですからコミュニケーションのしやすい相手には、頻繁に情報を伝えてくれるものです。

また、当然1社に絞り込むようなことはせず、常時数社と継続的に付き合っておき、あい見積もりの取れる状態をつくっていくことも重要です。

成約（つまり対象者が入社）した際には、かなりの費用を払うことになります。一般的には、入社する者の理論年収（たいていが手当や賞与を含めたもの）に対して一定割合の手数料という形で請求されます。この一定割合は相場的には30％前後と言われています。しかし、そこは民間企業ですので、交渉次第でディスカウントの可能性はあると思われます。

この理論年収の算定方法は、各人材紹介会社によって異なってきますので、注意しなければなりません。特に賞与の算定は要注意で

す。多くの紹介会社では、過年度のヶ月実績に基づき算定をしているようです。

つまり、「提示した月収額」×「その企業の昨年度支給賞与のヶ月係数」で賞与額を算定するのです。従って、業績の低下に伴い、今年度は賞与ヶ月を下げようと考えていても、実際は高めの理論賞与額になってしまいます。

●紹介予定派遣で人材を見極める

ところで、紹介予定派遣という手法も、有料人材紹介のひとつですので、ここでご紹介しておきます。紹介予定派遣は、人材派遣会社が人材紹介会社も兼ねながら、派遣社員を直接雇用に切り替える形で、人材紹介をする方法です。この切り替えまでの期間は、法律で6ヶ月以内と定まっています。

この期間に、その派遣社員の人となりや仕事振りを見極め、自社の社員に相応しい場合に、直接に雇入れをしていくというものです。実質的に試用期間的な位置付けになるので、会社としてもメリットがあります。ただ費用的には派遣社員で雇っている期間は、当然人材派遣会社に支払うロイヤルティが発生しますので、直接雇用よりも割高になります。

●求人媒体の活用

人材募集のほかの手段は、媒体を活用することです。主なものとしては、新聞、WEB、新聞折込、雑誌などがあります。このうち新聞とWEBは主に正規社員の募集、新聞折込と雑誌については主にパートタイマーなど非正規従業員の募集に活用される傾向があります。ここでは、新聞媒体とWEB媒体について見ていきます。

人材募集で新聞広告欄を活用する上でのポイントは、その新聞の読者層を見極めるということです。例えば、読売新聞と日本経済新聞では、読者の傾向はかなり違っているということはご理解いただけると思います。この違いを踏まえ、自社の業態や求める人材像を意識して、どの新聞の読者が大枠として適合するかを考えます。
　新聞媒体の料金については、表向きはともかく、実際には時期やタイミングによってかなりの違いがあるようです。新聞社としては、常に紙面を埋めなければならないわけで、そうした事情との兼ね合いでディスカウントできるタイミングを探るというのもひとつの方法でしょう。

　WEBについては、現在の求人募集媒体の中心になっていると言っても過言ではありません。特に新卒の対応については、ほとんどWEBで行なわれているのが現状です。
　求人募集のWEB運営を取り扱っている会社は、大手、中小含めてかなりの数が存在します。ただ、いかに多くの求職者の目に触れさせるかを考えると、やはりたくさんの情報量を取り扱う大手が有利と言えるでしょう。

　WEBは広い年齢層の求職者たちが入り込んでいます。企業に関する情報も豊富なボリュームで掲載することが可能ですので、うまく情報提示ができれば、効果的に人材を呼び寄せることができます。
　もうひとつ、WEBについて言えば、運営会社を活用するのみならず、自社のホームページもしっかりと活用しなければなりません。自社のホームページを使えばコストはかかりません。ホームページをお持ちの会社は、かならず「採用」欄を設けて、求職者の目に常に触れさせるような状態をつくっておくことです。

新聞にしても、WEBにしても、媒体を活用するということは不特定多数に働きかけることになるので、期待する人材像とは異なる求職者もたくさん集まってくることになります。
　それだけ、選考に骨が折れるということは意識をする必要があります。この点は、公的紹介機関でお伝えしたことと同様です。また、費用については、成功報酬型の人材紹介会社と違って先出しとなるのが特徴です。ただ、概ね人材紹介会社の費用額より低く抑えられる傾向はあると思います。

　人材募集に一定の費用をかけるとしたら、人材紹介会社の活用とWEB、新聞媒体の活用をいかにバランスよくミックスさせていくかが効果を最大化させるポイントということになるでしょう。

表04　主な人材募集ルート

人材紹介機関	公的機関	ハローワーク
		人材銀行
		各自治体の機関
	民間機関	人材紹介会社
		再就職支援会社
		人材派遣会社
求人媒体	主に正規雇用向け	新聞
		WEB
	主に非正規雇用向け	新聞折込
		雑誌

03 適材を見分ける！採用書類選考のポイント

求める人材を見極めるための選考書類の見方はこれだ

　通常、新卒採用でいえば「履歴書」、中途採用でいえば加えて「職務経歴書」が応募者に求める書類です。多数の応募があれば全員と面接をすることは大変な労力となります。通常は、「履歴書」と「職務経歴書」を要領よく見極める「書類選考」を通して、良否を判定していくこととなります。それでは、採用書類である履歴書と職務経歴書で筆者がおすすめする見方をご紹介していきましょう。

●履歴書で見極める

　まずは、履歴書です。履歴書だけで応募者の能力を判断するのは困難ですが、醸し出す印象からその人の人柄、特に誠実さがあるかどうかを中心に良否を読み取っていくことは可能です。誠実さがない者を入社させることは極めて危険なことです。従って誠実さのチェックを中心に考えていきます。

　最初に全体を眺めてみてください。第一印象をつかみましょう。几帳面で端正な仕上がりか、それとも雑なのか、全体的に満遍なく記載しているか、それともブランクが多いかなどを見ます。記入すべきところに記入がされていなかったり、文字の並びがやたらに乱雑であれば、誠意を持って当社に応募してきたという姿勢を感じ取ることができません。このように**誠実さがないと感じた場合には、選考対象としないのはひとつの判断**だと思います。

　顔写真も着目すべきポイントとなります。表情は真面目か、服装

はキチンとしているか、これらもチェックポイントです。例えば、学生はともかく、社会人がカジュアルな服で写っているというのは、業種にもよりますが通常はＮＧでしょう。

● **職務経歴書で見極める**

　一方、職務経歴書からは、その人の職業人としての顔を見出すための一定情報を得ることができます。

　ここでもまず全体を眺めてみましょう。読みやすいように整理がされているか、メリハリのある内容となっているか、こうした着眼点を持って印象を捉えていきます。メリハリがなく読みづらいという印象を持ったものについては、原則としてＮＧと考えるべきです。理由は２つです。ひとつには、文章の整理能力に欠けるということは論理力が弱いとみなすことができるからです。論理力は仕事を進める上で大変重要な武器となります。

　もうひとつには、読みやすい文面をつくれないのは、相手の立場に立って物事を考える力がないと解釈できるからです。そんな人が入社したら協働作業を乱しかねません。

　職務経歴書の内容を見ていく上で一番チェックすべきところは、「要員人物像申請書」の内容と符合する点、しない点の割合はどうであるかということです。符合しないことがあまりにも多ければ、その時点でＮＧとすべきです。職務経歴書と要員人物像申請書の照合はとても重要な作業です。従って、まずは要員人物像申請書をしっかりと整理しておくこと、そして職務経歴書を見ていく際には、要員人物像申請書の内容をしっかりと頭に入れておくことが大切です。

　職務経歴書の内容で、もうひとつ重要なポイントは、何回転職をしているかということです。１～２年毎に、会社を変えているような場合は、要注意です。通算３～４社までが妥当な範囲でしょう。

04 ジョーカーをつかまない！採用面接のミニ知識

いい人材を採るための面接テクニックを身につけよう

　書類選考で残った応募者には、いよいよ直接に会って採用面接を実施することになります。採用面接で、応募者の素養、人となりを見抜けるか否かは、社運を左右することになりかねないと、認識すべきです。不誠実な人間について、その性質を見過ごして入社させれば、会社にとって益にならないばかりか、とてつもない損害をもたらすことにもなりかねません。そうした人間をしっかり排除するというリスクマネジメントの観点をまずは持つべきです。

●採用面接の進め方

　それでは、採用面接の進め方や相手を見抜くための着眼点について、ご説明していきます。
　まずは、面接の回数と会社側の出席人数を考えます。回数については、多くするほどに観察時間が増えるわけですから、会社にとって、応募者の人となりを見極めるには有利となりますが、それだけ、労力がかかることと、相手の負担を増すことになりますので、際限なく行なうことは不適切です。
　大企業であれば3回、4回とやることもあるでしょうが、通常は2回が一般的でしょう。2回あれば、違ったコンディションで相手を観察することができますので、一定の見極めはできるはずです。
　また、会社側の出席人数は2名までとすべきです。なぜなら面接官の人数を多くすると、相手を萎縮させる可能性が高くなり、応募

者のありのままの姿が出てこなくなるからです。

　面接場所は、個室など完全にクローズされた空間とします。オープンな環境は相手をしゃべりづらくさせるため不適切です。

　担当2名であたるとしたら、それぞれの役割分担を決めておきます。主にひとりが"人となり"を確認し、もうひとりが能力、専門性を確認していきます。通常は管理系の担当者（人事担当がいる会社であればその者）が前者、現場の長が後者を担当します。

　面接を進めるに当たり、最も心がけるべきは、**相手を少しでもリラックスさせること**です。採用面接を受けるという状況では、誰しも過度の緊張を強いられるものです。

　緊張していると、どうしても自分自身の本来の姿を表現することが難しくなります。こちらとしては、可能な限り応募者の真の姿をつかむ努力をしなければなりません。従って、面接で口火を切っていく際には、相手の気持ちをほぐすような話題から入ります。これにより形式ばった雰囲気をできるだけ除去していきます。

　例えば、「駅からここまで歩いてきましたか。暑かったでしょう」あるいは「このビルはすぐにわかりましたか。ちょっと込み入ったところなので心配していましたが、無事到着できてよかったです」というような言葉を最初にこちらから投げかけていき、面接官というよりは"人間らしい側面"を相手に伝えます。このように、気を配っていることを相手が感じれば自然と心を開いてくるものです。

　なお、状況によっては相手のストレス耐性を調べるための圧迫面接という手法もありますが、これは相当に手慣れた人事担当が活用するもので、そうでない者が安易に行なうと、応募者に会社の悪印象だけを与える結果となってしまいますので、おすすめできません。

緊張をほぐしがてら、あえて馴れ馴れしく友達のような口のきき方をしていくことで相手の反応を見るという手法があります。なかには、この誘いに乗り、急に馴れ馴れしくなり、ぞんざいな言葉に転じてしまう応募者もいます。こうした反応をしてしまう人は、顧客に接触させると危険なタイプです。特別の理由がない限り選考外とすべきでしょう。

　面接中は、相手の言動のみでなく、挙動も合わせて観察をします。まばたきをしたり、咳払いをするなど落ち着きがないという様子はないか、視線が定まらずきょろきょろとするようなことはないか、こうした仕草や態度で気がついたところをメモしておきます。

●採用面接で何を聞くか

　面接時間に占める質問時間は4分の1以内に抑えるように心がけ、できるだけ質問に対する相手の発言時間を長くするようにします。質問は、あらかじめ想定しておきます。何人も面接をする場合には、応募者を横比較するため共通の質問をするほうがよいでしょう。少なくとも全体の7割程度は共通質問にしておくべきです。

　面接での質問事項は、**履歴書や職務経歴書に基づいて、応募者が過去にどのようなことをやってきたかを中心に据えます**。これに関してですが、応募者の過去を見ていく場合、当人の輝かしい業績、成功事例について多くを語らせてもあまり意味がありません。そういった返答では、誰しも誇張やウソが入りやすく、本当の実力を見出すのは難しいと考えるべきです。むしろ失敗事例などネガティブな体験をしたときにどんな行動をとったかを聞いたほうが、真の姿が見えやすいものです。

> 1章 採用活動

「あなたはこれまで仕事上で挫折感を感じたのはどんなときでしたか」「あなたは仕事上で問題やトラブルが発生したときどのように対処されましたか」こうした質問をしていきます。これに対して、「私は仕事で挫折をした経験がありません」「私は問題やトラブルなどに出くわしたことはありません」というような返答をしたとしたら、それは真摯に仕事をしていないことの証であり、論外です。そういう答えをした時点で選考外と判断すべきでしょう。

　仕事上で挫折したときの後の行動がポジティブか、それともネガティブかで、その人の仕事の取り組み姿勢が見て取れます。一緒に仕事をしていくことになるのですから、前向きな気持ちを持った人でないと困ります。

「あなたはこれまで運がよい人生でしたか」という質問も、ちょっと変わってはいますが、なかなか効果的です。「運がよかった」と答えた人は、自分の人生をプラスで捉えているわけで、選考上でもプラス点をつけるべきですが、「いやあ、本当についていない人生でした」と答えてきたら、それはネガティブマインドの証ですので、その場合はやはり、問題ありと見るべきでしょう。

　突然、関係のない想定外の質問を投げかけて、リアクションを見るのも有意義です。例えば「東京タワーと東京スカイツリー、どちらが好き？」といった類のものです。こうした突飛な質問に対する答え方で、相手のコミュニケーション能力の有無を確認できます。

　応募者の人物像を観察できるのは、面接をしている最中だけではありません。面接を始める前に会場へ誘導するとき、面接終了後、お見送りをするときなどの態度や言動もしっかりと見ましょう。相手は終わったとたんに気が緩み、本来の姿を見せるものです。これらも選考の材料にしていきましょう。

2章
雇い入れ

05　完全リスク回避　労働契約書作成ポイント
06　つくっておくにこしたことはない、誓約書のおさえどころ
07　絶対に取っておきたい！　身元保証書の作成ポイント
08　確実に行なおう！　入社手続き①　労働保険および社会保険
09　確実に行なおう！　入社手続き②　その他

2

05 完全リスク回避 労働契約書作成ポイント

人を雇うということは労働契約を締結するということ

●労働契約書とは

　採用活動を経て、雇い入れを決めたら労働契約を結ぶことになります。労働者と契約を交わすという概念は日本ではあまりピンとこないかもしれません。契約社会である欧米では、労働契約についても何十項目、何百項目による取り決めにより数十ページにおよぶ契約書を取り交わしますが、わが国ではそういう慣習は存在しません。

　日本ではそうした機能は「就業規則」が担うことになっています。就業規則には従業員の労働条件や服務規律、人事など労使間の権利義務関係が規定されています。労働契約書の代わりにそこに書かれるべきことが就業規則に書かれており、使用者、従業員とも、それに従わなければなりません。つまりわが国における就業規則は一種の「労働契約書」となっているのです。これは判例上でも認識されていることです。

　これにより就業規則の存在する会社の場合には、あらためて労働契約書という形では取り交わしをせずに、労働契約書の代わりに「雇用条件通知書」を渡しているのが一般的となっております。

　しかしながら、就業規則は法令上、労働基準監督署への届出義務については常時10名以上を使用する事業主にのみ課せられていることから、10名未満の会社では作成をしていないところが多くあります。就業規則が存在しないと労働契約の根拠がないことになります。従ってこの場合には、個別に労働契約を結んでいくことが本

来的には必要となります。

しかし、就業規則を持っていない小規模企業でも、採用する時点では、「雇用条件通知書」を渡し、それに対して「誓約書」を取っているというところが多いと思われます。これでも一定の効力は持つのですが、やはり本来的には労働契約書形式で書面を取り交わしておいたほうが望ましいでしょう。

それでは、労働契約書と雇用条件通知書の違いは何でしょう？基本的に記載内容には大きな相違はありません。一番の違いは表05のように、下欄に労使両名の記名捺印欄を設けているかどうかです。雇用条件通知書は一方通行なのでこうした欄はありません。また、労働契約書は2部作成して労使で一部ずつ保管することになります。このようにすることで、将来何か争いになったときの備えとすることができるのです。

●労働契約書の記載内容

労働契約書に記載すべき労働条件内容は、労働基準法で決まっています。これについては雇用条件通知書でも同様となります。具体的には次の事項です。

①契約期間
②就業場所および業務内容
③始業・終業時刻、所定労働時間を超える労働の有無、休憩時間、休日、休暇、就業時転換に関する事項
④賃金の決定、計算および支払の方法、賃金の締め切りおよび支払の時期、昇給についての事項
⑤退職に関する事項（解雇の事由も含む）
これらは絶対的明示事項といい、必ず記載しなければなりません。

一方、次の事項については、これに関する事項を定めた場合には明示する必要があるものです。これらを相対的明示事項と言います。
　①退職手当
　②賞与、臨時に支払われる賃金および最低賃金
　③労働者に負担させるべき食費、作業用品
　④安全衛生（労働者の安全上および衛生上の事項)
　⑤職業訓練
　⑥災害補償および業務外傷病扶助
　⑦表彰および制裁
　⑧休職

　少なくとも絶対的明示事項については、その項目を契約書に明記しなければなりません（ただし、④昇給は書面明示の必要はありません）。普通はおよそ表05にあるような記載内容になります。個々の労働条件のあり方については、後述をしていきたいと思います。
　注意すべき点は、一旦契約書に明記した労働条件は原則として本人の同意がない限り不利益変更をすることはできないということです。ですから、「とりあえず」という気持ちで労働条件内容を設定すると、あとで痛い目に遭うことになりますので慎重に考えましょう。
　最後の項目で「その他」という欄を設けて、いわゆる服務規律的な要素を盛り込んでおくことも有効です。誓約書で確認をするだけでなく、本当に重要と考える部分については、契約書に盛り込んでおくのがよいでしょう。

　ところで、就業規則を持っている会社が、労働契約書あるいは雇用条件通知書に就業規則の記載内容よりもよい労働条件で記載をした場合、こちらのほうが優先されます。そうなると一律的規範としての就業規則の意味をなさなくなりますので、ご注意ください。

表05　労働契約書のサンプル

労働契約書

株式会社佐藤電機(以下甲という。)と山田太郎(以下乙という。)とは、以下の条件に基づき、雇用契約を締結する。

契約期間	平成〇年〇月〇日より雇用期間の定めなし
就業の場所	本社(東京都新宿区新宿〇-〇-〇) ※ただし、会社の事情により勤務地を変更する場合がある。
従事すべき業務内容	開発業務
始業と終業の時刻	始業(9時00分)　終業(18時00分)
休　憩	12時00分　～　13時00分(60分間)
所定時間外労働等	所定外労働および休日労働をさせることがある。
休　日	土曜日、日曜日・国民の祝日
休　暇	1. 年次有給休暇　　6ヶ月継続勤務した場合、法定で週勤務日数により定められた日数が付与される
賃　金	1. 月額:基本給　〇〇〇,〇〇〇円　家族手当　〇〇,〇〇〇円 2. 所定時間外、休日または深夜労働に対して支払われる割増賃金率は法定通り 3. 賃金締切日・支払日　　当月末日締め　翌月20日払い 4. 賞与　毎年6月および12月
退職に関する事項	1. 定年制あり　60歳 2. 自己都合退職の手続(退職する30日前に届け出ること) 3. 解雇の事由および手続(就業規則第〇条による)
その他	1. 社会保険の加入状況　健康保険　厚生年金保険　労災保険　雇用保険 2. やむを得ない事由により、欠勤、遅刻するときは前日または当日の出勤前に所属長に連絡し、許可を受ける。また早退したいときは所属長の許可を受ける。 3. 誓約書で確認した内容について順守する。 4. 本契約に定めることのほか、就業に関する事項は労働基準法その他関係諸法令の定めるところによる。 5. 本契約の成立を証するために本書2通を作成し、会社、従業員記名押捺の上、各々1通を保有するものとする。

平成〇〇年〇月〇日

　　　　　　　　　　(甲)　所在地　東京都新宿区新宿〇-〇-〇
　　　　　　　　　　　　　使用者　株式会社佐藤電機
　　　　　　　　　　　　　代表取締役社長　佐藤浩二　印
　　　　　　　　　　(乙)　住　所　東京都中野区中野〇-〇-〇
　　　　　　　　　　　　　氏　名　山田太郎　印

2章　雇い入れ

06 つくっておくにこしたことはない、誓約書のおさえどころ

誓約書を取っておくことで規律の意識付けをする

●誓約書の役割と作成のポイント

　経営者としては、雇い入れた従業員には、誠実に、一所懸命働いてもらいたいと思うのは当然のことであり、そうしてもらうように一筆取っておきたいものです。採用に際しては、「誓約書」という形で対応するのが一般的です。

　誓約書の書き方としては、2通りあります。その会社に就業規則がある場合には、「貴社の就業規則および諸規程に従い誠実に勤務することを誓います」というさらりとしたもので問題ありません。なぜなら、具体的な服務規律事項はすべて就業規則に記載されているのでそれを順守するということだけ誓約させればよいからです。

　一方、就業規則のない会社では、服務規律に関する具体的な事項を誓約書に記載していくこととなります。表06にある通り、十項目程度はここに書かれることになります。通常記載すべきものとしては、誠実勤務義務、業務命令遵守義務、守秘義務、兼業禁止、施設の利用方法などですが、業種により必要なことはしっかりと書き込んでおくことです。

　ただここで覚えておかなければならないのは、**誓約書には強い法的拘束力がない**ということです。あくまでも採用した人に緊張感を持たせるという意味のものと捉えるべきです。それでも、一定の効果はありますので、提出させておくにこしたことはありません。

表06　誓約書のサンプル

誓　約　書

株式会社佐藤電機
代表取締役社長　　佐藤浩二殿

私は、このたび株式会社佐藤電機（以下会社という）との労働契約書を受領し、入社を承諾するとともに貴社に勤務するに当たり次の条項を堅く守ります。

1．入社承諾後は正当な理由なく、また無断で入社を拒否しません。
2．事前に伝えている内容と異なる事実が生じ、そのことが業務に支障ありと判断され採用を取り消されても異議ありません。
3．会社の定めた諸規定を守り指定の職務に従事し上長の指示に従います。
4．会社の技術上または営業上の情報（以下「秘密情報」という）の機密について、勤務中および退職（解雇）後において決して第三者に対し開示、使用、若しくは他に漏らすようなことはいたしません。機密漏洩によって、会社に損害を与えた場合、損害賠償の請求を受けても一切の異議申し立てを行ないません。
5．業務に関連して私利を営むような行為並びに取引先より私的に金品の贈与を受けたりまたは金銭の賃借などは致しません。
6．前各項に違反したときまたは履歴書の記載事項に事実と相違があり、もしくは経歴を偽りその他不正手段により入社したときは、解雇されても異議ありません。
7．試用期間中は実務選考期間として了承し試用中に従業員として不適格であると認められたときは、正式採用を取り消されても異議ありません。
8．会社に許可なく他の企業等に就業し、または自ら事業を営むことは致しません。
9．会社の施設は大切に利用し、不許可で貼り紙、文書の配布等を行うことは致しません。

以上、誓約致します。

平成〇〇年〇月〇日

現住所　東京都中野区中野〇-〇-〇
氏　名　山田太郎　　印

2章　雇い入れ

07 絶対に取っておきたい！身元保証書の作成ポイント

リスク管理のひとつとして必ずつくろう

●身元保証書とは

　従業員を雇い入れると、さまざまな仕事をしてもらうことになります。もちろん金銭や貴重品を扱わせることもでてきますし、それら一挙手一投足を監視しているわけにもいきません。また、前項の誓約書は法的拘束力がないので、完全な抑止力を持つことにはなりません。
　性善説に立てば心配いらないのでしょうが、やはり数回の接触で採用を判断するわけですから、見誤って悪質な人物が紛れ込まないとは限りません。また、人間"魔がさす"ということもなくはありません。このようなことから、多くの会社では、採用時には誓約書とともに身元保証契約内容を記した「身元保証書」を提出させています。

　身元保証契約は、**事業主と身元保証人との間で身元保証人が当該従業員の業務上の行為によって生じた損害を賠償するもの**であり、誓約書と違って、法的な効力を持つものです。
　つまり、もしも当該労働者が金品を持ち逃げしたり、不法行為により会社に損害を与えたようなときには、資産を有する第三者としての身元保証人に、その損害を補償してもらうことが可能となります。
　商業や金融機関、サービス業など第三次産業に属する業種では、

取り扱う金額も大きいことから、こうした制度を利用することは必要不可欠と言えるでしょう。

　会社としては発生した損害に対して確実に補償を受けたいところです。そこで身元保証人は1名ではなく複数名（通常2名）とするところも多くあります。そうしたほうが当然会社側としてのリスクを減らすことになります。

　しかし、裏を返せば採用される従業員のハードルは相当に高いものになります。身元保証人は、もし保証対象である従業員が損害を出した場合には、下手をすれば全財産を投げ打ってでも補償しなければならないということですから、この制度をよく理解すればするほど、なってくれる人はなかなかいません。当然、親族など近しい人間に限られることとなります。そうなると核家族化が進んできている今日では、身元保証人を2人見つけてくるのはなかなか難しいところかもしれません。それでも身元保証人を複数連名にして身元保証書を提出させることができれば、会社側としては大きな安心材料にすることができます。

●身元保証契約の基礎知識

　身元保証契約は無期限ではありません。特に期間を定めなければ3年間で効力を失います。当事者間で期間を定めた場合でも有効期限は最大で5年間までとなります。このように有効期限を設けているのは、既述の通り身元保証制度は身元保証人に過大な責任を負わせることになることから、その責任を永続させることは好ましいことではないという判断で定められたものです。

　ただし、身元保証期間を更新することはできます。この場合も5年が限度です。更新の際には、あらためて身元保証人に捺印をもら

い直す必要があります。自動延長特約というような形で自動更新していくことは認められていません。

　身元保証契約は、身元保証人に過大な責任を持ってもらうことになるわけで、ことが発生してから一方的に賠償責任に応じさせるのは不公平です。
　従って事前通知義務を事業主側に持たせています。つまり、「被用者に業務上不適任または不誠実な行為があって、このため身元保証人の責任が生ずるおそれがあるとき」「被用者の任務または任地を変更し、このため身元保証人の責任を加重し、またはその監督を困難ならしめるとき」には、事業主は身元保証人に事前に通知をする必要があります。そして身元保証人は、この事実を確認した上で、身元保証契約を解除することが可能とされます。

　また、損害が生じるべき事件については、業務に関連して発生するわけですから、当然、使用者である会社の指揮命令下にあると捉えることができるので、使用者としての応分の責任も考慮することになり、損害額の全額を身元保証人に負わせることにはならないケースのほうが多いと言えるでしょう。

　以上のことからも身元保証書を取っておけば、すべてのリスクを回避できるというものではありません。しかしながら、**身元保証契約を交わしておくことにより、従業員に対する強力な抑止力を発揮すること**は間違いありません。身元保証書は、ぜひとも確実に取っておきたいものです。

表07　身元保証書のサンプル

身元保証書

株式会社佐藤電機
代表取締役社長　　佐藤浩二殿

　　　　　　　　　　　　　　　　現 住 所　東京都中野区中野○-○-○
　　　　　　　　　　　　　　　　氏　　名　山田太郎　　　　印
　　　　　　　　　　　　　　　　昭和61年4月1日生

　このたび貴社に採用されました上記の者は思想穏健・身元確実で決して貴社に迷惑をかけるような人物でないことを保証するとともに、本人入社後は会社の就業規則および諸規程を遵守して、忠実に勤務することを保証いたします。万一本人がこれに反する行為をなし、その他規則を乱し、故意または重大なる過失によって貴社に損害をおかけしたときは、本人をして、その責任をとらしめるとともに、連帯してその損害を賠償する責任を負担することを確約いたします。
　なお、この保証期間は本日より向こう満5ヶ年と定めます。
　以上後日のため保証書を貴社に差し入れておきます。

平成○○年○月○日

　　　　　　　　　　　現住所　東京都中野区中野△-△-△
　　　　　　　　　　　職　業　公務員
　　　　　　　　　　　本人との続柄　父
　　　　　　　　　　　身元保証人氏名　山田波平　　　　印
　　　　　　　　　　　　　　△年△月△日　生

　　　　　　　　　　　現住所　東京都中野区中野×-×-×
　　　　　　　　　　　職　業　自営業
　　　　　　　　　　　本人との続柄　弟
　　　　　　　　　　　身元保証人氏名　山田次郎　　　　印
　　　　　　　　　　　　　　×年×月×日　生

2章　雇い入れ

08 確実に行なおう！入社手続き①
労働保険および社会保険

労働保険と社会保険の資格取得手続きは雇用管理の第一歩

● 労働保険と社会保険

　採用した者をいよいよ入社させる段階では、さまざまな手続きが必要となりますが、中でも対外的な手続きとして重要なのが、労働保険と社会保険に関するものです。

　労働保険や社会保険に関する詳細説明は5章に譲るとして、ここでは新入社員の入社時に必要な、被保険者資格取得の手続きについてご説明いたします。従業員が被保険者となる保険は、労働保険の中の雇用保険と社会保険の中の健康保険および厚生年金保険です。

　「雇用保険被保険者資格取得届」（表08）については、管轄のハローワーク（公共職業安定所）に提出します。入社した者が新卒の場合には、②取得欄は「1新規」とし、①被保険者番号は未記入でよいのですが、表08にあるように、中途採用で別の会社に勤務していた者は、②取得欄を「2再取得」とした上で、①欄にその労働者の被保険者番号を記入します。

　「健康保険・厚生年金保険被保険者資格取得届」（表09）については、管轄の年金事務所および健康保険組合に加入している場合にはそこにも提出します。ここでは、入社した者の基礎年金番号が必要となりますので、その者の年金手帳を確認します。

　また、入社した者に扶養する者がいる場合には、「被扶養者（異動）

表08　雇用保険被保険者資格取得届のサンプル

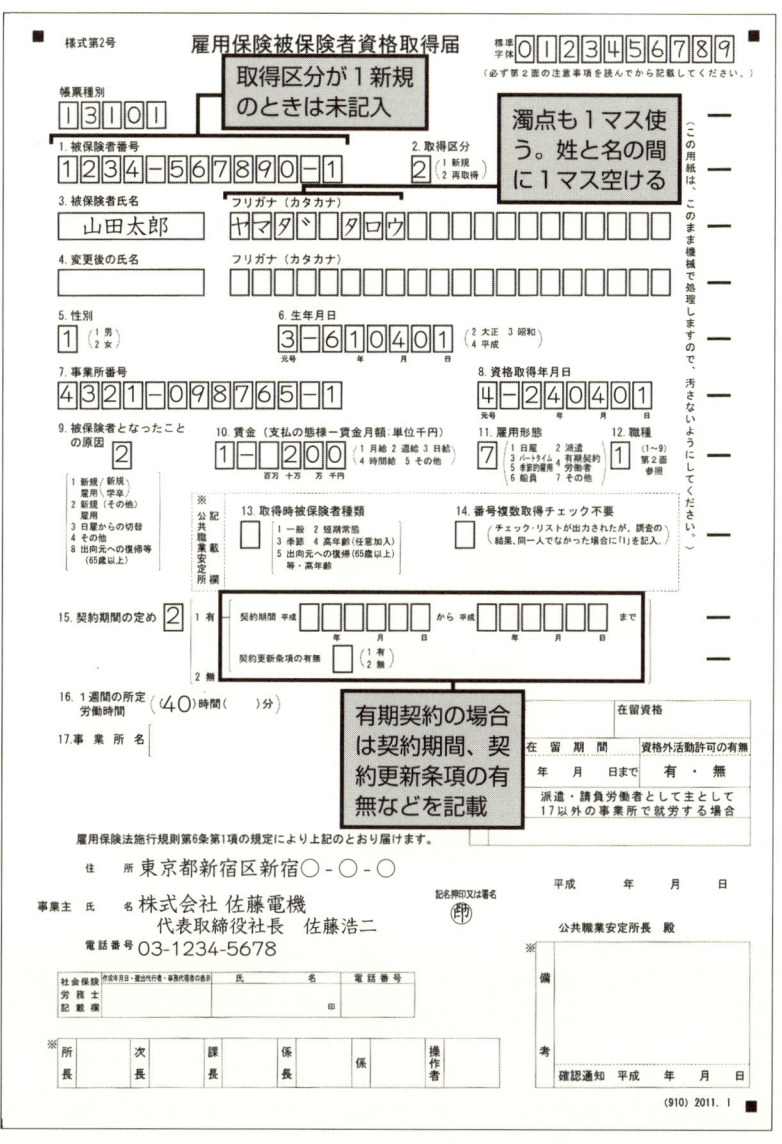

様式第2号　雇用保険被保険者資格取得届

標準字体　0123456789
（必ず第2面の注意事項を読んでから記載してください。）

帳票種別　13101

1. 被保険者番号　1234-567890-1

2. 取得区分　2
（1 新規　2 再取得）

取得区分が1新規のときは未記入

3. 被保険者氏名　山田太郎
フリガナ（カタカナ）　ヤマダ タロウ

濁点も1マス使う。姓と名の間に1マス空ける

4. 変更後の氏名
フリガナ（カタカナ）

5. 性別　1（1 男　2 女）

6. 生年月日　3-610401（2 大正　3 昭和　4 平成）元号 年 月 日

7. 事業所番号　4321-098765-1

8. 資格取得年月日　4-240401　元号 年 月 日

9. 被保険者となったことの原因　2
1 新規／新規雇用（学卒）
2 新規（その他）
3 日雇からの切替
4 その他
5 出向元への復帰等（65歳以上）

10. 賃金（支払の態様－賃金月額：単位千円）
1-200（1 月給　2 週給　3 日給　4 時間給　5 その他）
百万 十万 万 千円

11. 雇用形態　7
1 日雇　2 派遣
3 パートタイム　4 有期契約
5 季節的雇用　6 多数回派遣労働者
7 その他　8 船員

12. 職種　1（1～9 第2面参照）

※公共職業安定所記載欄

13. 取得時被保険者種類
1 一般　2 短期雇用
3 季節　4 高年齢（任意加入）
5 出向元への復帰（65歳以上）
等・高年齢

14. 番号複数取得チェック不要
（チェック・リストが出力されたが、調査の結果、同一人でなかった場合に「1」を記入。）

15. 契約期間の定め　2
1 有　契約期間 平成　年月日 から 平成　年月日 まで
契約更新条項の有無（1 有　2 無）
2 無

有期契約の場合は契約期間、契約更新条項の有無などを記載

16. 1週間の所定労働時間　（40）時間（　）分

17. 事業所名

在留資格
在留期間　年月日まで
資格外活動許可の有無　有　無
派遣・請負労働者として主として17以外の事業所で就労する場合

雇用保険法施行規則第6条第1項の規定により上記のとおり届けます。

住所　東京都新宿区新宿○-○-○
事業主　氏名　株式会社 佐藤電機
　　　　代表取締役社長　佐藤浩二
　電話番号　03-1234-5678

記名押印又は署名　㊞

平成　年　月　日

公共職業安定所長　殿

社会保険労務士記載欄	作成年月日・提出代行者・事務代理者の表示	氏名	電話番号
		印	

※備考

確認通知　平成　年　月　日

所長	次長	課長	係長	係	操作者

(910) 2011. 1

2章　雇い入れ

（この用紙は、このまま機械で処理しますので、汚さないようにしてください。）

届」（表10）を管轄の年金事務所または健康保険組合に提出します。この扶養者届は、被保険者が自筆でないときには捺印が必要となるので、注意しましょう。

　また、被扶養者の中に配偶者がいて、国民年金の第3号被保険者(注1)に該当するときには、「国民年金第3号被保険者資格取得届」（表11）も一緒に年金事務所に提出する必要があります。

　もし、不明なことがありましたら、管轄のハローワークあるいは年金事務所に電話などで尋ねてみてください。近頃は、これらの窓口ではとても親切に対応してくれます。

（注1）サラリーマン（第2号被保険者）の妻は第3号被保険者といって、国民年金保険料の支払いが免除されています。

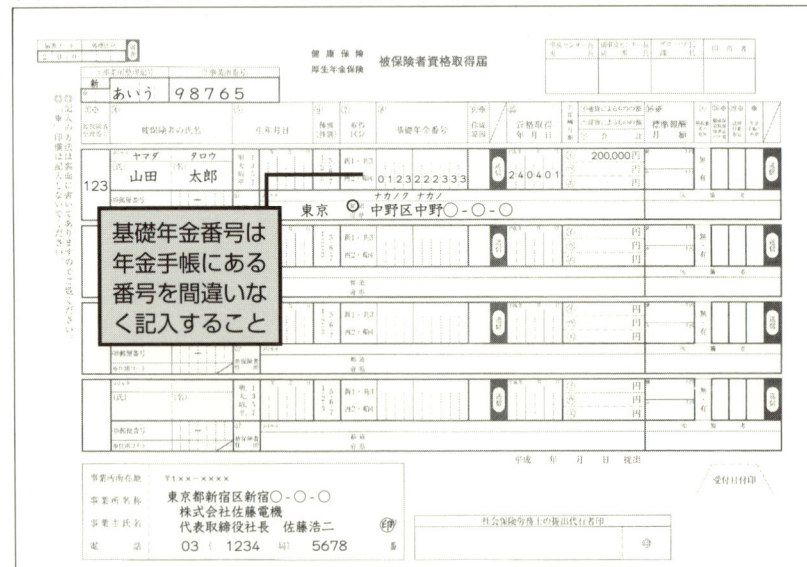

表09　健康保険・厚生年金保険被保険者資格取得届のサンプル

基礎年金番号は年金手帳にある番号を間違いなく記入すること

表10 健康保険被扶養者(異動)届のサンプル

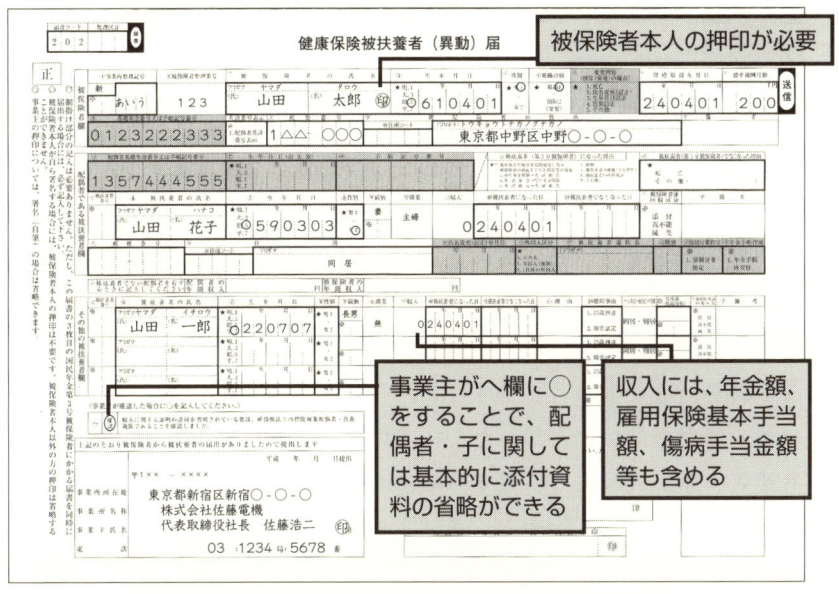

(被保険者本人の押印が必要)

(事業主が∧欄に○をすることで、配偶者・子に関しては基本的に添付資料の省略ができる)

(収入には、年金額、雇用保険基本手当額、傷病手当金額等も含める)

表11 国民年金第3号被保険者資格取得届のサンプル

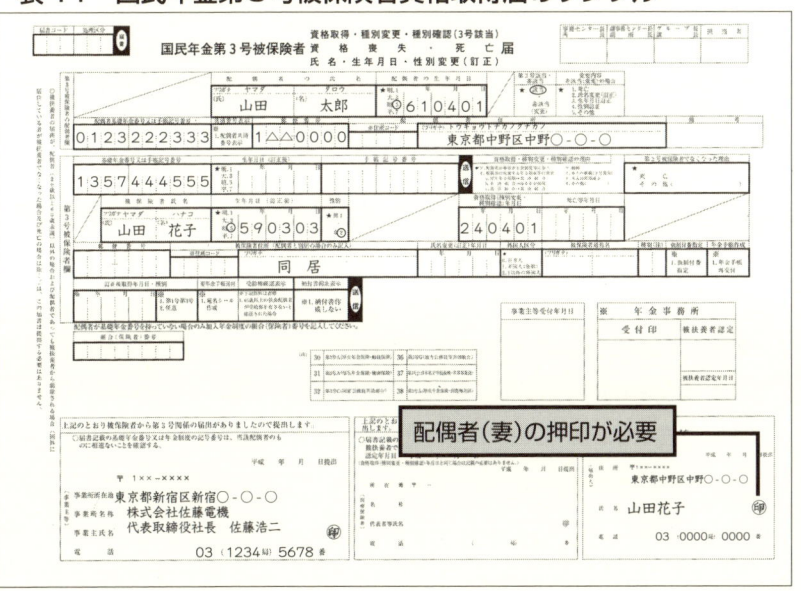

(配偶者(妻)の押印が必要)

2章 雇い入れ

09 確実に行なおう！入社手続き②
その他

入社時の細かい手続きも怠らずに必ず行なおう

● 法定三帳簿

　社会保険の手続き以外でも従業員を雇入れする際には、さまざまな手続き対応が求められます。
　まず労働基準法で定められているのは「労働者名簿」の作成です。労働者を雇い入れたら、法定事項について記載をした上で保存しなければなりません。記載すべき法定事項とは、
　「氏名」「性別」「生年月日」「現住所」「従事する業務の種類」「履歴（過去の経歴）」「雇い入れ年月日」「解雇または退職年月日とその事由」「死亡年月日とその原因」
の9項目です。このうち従業員数が30人未満の事業場では「従事する業務の種類」は不要となります。

　同様に、「賃金台帳」についても労働基準法に従って準備しておく必要があります。賃金台帳でも記載すべき事項は次の通りに定められています。
　「氏名」「性別」「賃金計算期間」「労働日数」「労働時間数」「時間外、休日、深夜労働の時間数」「基本給、手当、その他賃金の種類ごとにその額」「賃金の一部を控除した場合、その額」「通貨以外のもので支払われる賃金がある場合、その評価総額」

　もうひとつ、「出勤簿」についても準備をしておかなければなり

ません。「出勤簿」は、その名の通り出退勤時刻を記入・押印する帳簿形式のものから、打刻カード、スキャンカード、パソコンデータ入力など、会社によっていろいろな形態があると思いますが、いずれかの方法にて出退勤の確認ができる体制をつくることが法令により求められています。

ここまでに採りあげた「労働者名簿」「賃金台帳」「出勤簿」は「法定三帳簿」と呼ばれています。これらの帳簿は３年間の保存義務があります。この３年間の起算日は、「労働者名簿」は死亡、退職または解雇の日から、「賃金台帳」は最後の記入日から、ということになります。

●その他の諸準備

法定ということで言うと、雇い入れ時に健康診断をすることについても労働安全衛生法で定められています。これについての詳細は６章で改めてお伝えします。

法定ではないのですが、準備が必要なものはまだあります。従業員には、賃金は銀行口座振り込みにするのが通常ですので、その場合には、金融機関および口座情報を本人から確認するために「賃金振込銀行口座指定依頼書」といったものも提出させる必要があります。
　また、通勤手当を支給する場合、確認するための申請書類も提出を課すことが必要です（これについても６章で詳述します）。
　ほかにも、多くの会社で、住民票記載事項証明書、卒業証明書なども入社時に提出させています。
　これらの保存作業もしっかり行ないましょう。

入社した者に渡すものとしては、社章、社員証、就業規則、企業方針などを記載したサマリーなどがあります。入社教育などをするのであれば、その資料も事前に渡しておくことになるでしょう。

表12　労働者名簿のサンプル

フリガナ			ヤマダ　タロウ			性別	
氏　名			山田　太郎			男	
生年月日			昭和61年4月1日　生				
郵便番号		1△△-0000	電話番号	03-0000-0000			
現住所		東京都中野区中野○-○-○					
雇入年月日			平成24年4月1日				
業務の種類			ソフトウェア開発業務				
履　歴		最終学歴	同文舘大学理工学部				
		職　歴	平成15年4月1日　海山電気産業㈱入社				
			平成19年4月1日　日本機械開発㈱入社				
解雇・退職または死亡		年月日					
		事　由					
		特記事項					
資格・免許等			情報処理技術者試験 ソフトウェア開発技術者				
健康保険整理番号			123				
基礎年金番号			0123-222333				
雇用保険番号			1234-567890-1				
厚年基金番号							
標準報酬月額			200千円				
備　考							

被扶養者

氏　名	フリガナ	生年月日	続柄	収入額	職　業
山田花子	ヤマダハナコ	昭和59年3月3日	妻	0	なし
	基礎年金番号	1357-444555			
山田一郎	ヤマダイチロウ	平成22年7月7日	長男	0	なし

表13 賃金台帳のサンプル

賃金台帳（平成24年度分）

氏　名	山田　太郎	性別	（男）女	所属/職名	開発部	ソフトウェア担当		
賃金支払日	1月25日	2月25日		10月25日	11月25日	12月25日	合　計
賃金計算期間	1/1～	2/1～		10/1～	11/1～	12/1～	
労働日数（有給休暇等）	21日	21日		21日	21日	19日	
労働時間数	168:00	168:00					
時間外労働時間数　合計	0:00	0:00					
時間外労働割増手当対象時間数	0:00	0:00					
（内　深夜労働時間数）	0:00	0:00					
休日労働時間数	0:00	0:00					
（内　深夜労働時間数）	0:00	0:00					
法定休日労働時間数	0:00	0:00					
（内　深夜労働時間数）	0:00	0:00					
遅刻・早退・欠勤控除時間数	0:00	6:00					
基本給	＊＊＊＊	＊＊＊＊					0
職務手当	＊＊＊＊	＊＊＊＊					0
役職手当	0	0					0
残業平日普通	0	0					0
残業平日深夜	0	0					0
休日割増手当	0	0					0
残業休日深夜	0	0					0
法定休日割増	0	0					0
残業法定深夜	0	0					0
非課税通勤	＊＊＊＊	＊＊＊＊					0
課税通勤	0	0					0
遅刻早退控除	0	0					0
欠勤控除	0	0					0
課税合計	＊＊＊＊	＊＊＊＊					0
非課税合計	＊＊＊＊	＊＊＊＊					0
総支給額合計	＊＊＊＊	＊＊＊＊					0
健康保険	＊＊＊＊	＊＊＊＊					0
介護保険	0	0					0
厚生年金	＊＊＊＊	＊＊＊＊					0
雇用保険	＊＊＊＊	＊＊＊＊					0
社会保険調整	0	0					0
社会保険合計	＊＊＊＊	＊＊＊＊					0
課税対象額	＊＊＊＊	＊＊＊＊					0
所得税	＊＊＊＊	＊＊＊＊					0
住民税	＊＊＊＊	＊＊＊＊					0
その他控除	0	0					0
控除計	＊＊＊＊	＊＊＊＊					0
控除合計	＊＊＊＊	＊＊＊＊					0
差引支給額	＊＊＊＊	＊＊＊＊					0

2章　雇い入れ

3章
勤務時間

10　基本中の基本　けじめの勤怠管理
11　生産効率を上げる勤務時間編成方法①
　　　勤務時間の原則
12　生産効率を上げる勤務時間編成方法②
　　　変形労働時間制
13　生産効率を上げる勤務時間編成方法③
　　　フレックスタイム制
14　生産効率を上げる勤務時間編成方法④
　　　みなし労働時間制
15　下手をすると大損になる　正しい休日設定の方法
16　侮ると怖い！　時間外労働を正しく認識する
17　適切な年次有給休暇の取り扱い方

3

10 基本中の基本 けじめの勤怠管理

きちんとした勤怠管理はモラル維持と労働生産性向上に不可欠

●勤怠管理の目的

　会社の秩序を維持し、規律ある職場をつくり出していくためには、"けじめある勤務状態"を維持すべく、従業員の勤務時間をコントロールしていく必要があります。けじめある勤怠管理を実施する目的は、大きく2つあります。ひとつは会社としての労働生産性を高めるため、もうひとつは、従業員のモラルを維持するためです。

　勤怠管理をしっかりと実施し、従業員の勤務時間をルール通りに確保していくことは、当然ながら労働生産性に直結します。欠勤、遅刻、早退などにより実働勤務時間が減少すれば、その分仕事量も減ります。人件費をかけて仕事をさせているわけですから、それに見合ったアウトプットを実現しなければ生産性が低下し、業績の悪化につながっていってしまいます。**勤怠管理は、労働生産性ひいては企業業績を維持・向上させる上での基本中の基本**となるのです。

　もうひとつの目的、従業員のモラルの観点でも勤怠管理は欠かすことができません。
　例えば、遅刻の多いひとりの従業員を放置しておくと、周囲の人間は、それに対して不公平感を持つか、あるいは自分も多少ルーズにしてよいという気分になる可能性があります。こうなると"みかん箱の中の腐ったみかん"と同様、モラルダウンの空気は瞬く間に

社内に広がりかねません。

●勤怠管理の方法

　けじめのある勤怠管理とは、従業員のプライベートタイムとワークタイムの境目を明確にしていくということにほかなりません。境目のファジーな状態では、従業員の生活のリズムを整えることもできなくなります。
　この境目を明確に識別するためには、ルールを整備し、従業員にけじめある働き方をさせるための意識付けを促していくことが大切です。例えば始業時刻の概念を明確に意識させるため、次のような条文を就業規則に設けます。

> 第○条　社員は始業時刻前に出社し、始業時刻とともに業務を開始する。
> 　　　　始業時刻に業務を開始できないときは遅刻の扱いとする。

　また、遅刻、早退、欠勤、私用外出をした場合の手続きについて就業規則上で定めておき、その規定通りに確実に運用していくということを社内で徹底させていきます。例えば以下のような条文を就業規則に用意しておきます。

> 第○条　社員が、欠勤、遅刻、早退、私用外出をする場合には、所定の手続により、事前に所属長に届け出なければならない。なお、事前の届け出ができない事情がある場合には、遅刻の際には出勤後直ちに所定の手続をとり、欠勤の際には当日の午前中に電話にて連絡を取り、出勤後速やかに所定の手続きをとるものとする。

　そして、表14にあるような届出書を必ず提出させることとします。この届出書を提出させるのは、会社側も結構手間になるところではあるのですが、「ちょっとした遅刻くらいはいちいち出さなくても

いいか」と思って運用を手抜きしていますと、あっという間に制度が形骸化してしまい、勤怠管理の枠組みが崩壊してしまいます。やかましく思われても必ず提出させることです。提出する側としても面倒なことなので、この会社では遅刻はできないということが意識付けられてくるものです。

これに加えて、ルーズな行動に対しては明確に「ダメ出し」をすることが大切です。

例えば、無断欠勤の場合、次のような条文で会社としての確固たる意思を示します。

> 第〇条　正当な理由なく、当日の午前中までに電話連絡をせず欠勤したときは、無断欠勤とする。
> 第〇条　社員が、14日以上連続で無断欠勤をした場合には、退職の取り扱いとする。

同様に遅刻を繰り返す場合にも、以下のような条文を設けてペナルティであることを意識させます。

> 第〇条　社員が、正当な理由なく遅刻を繰り返した場合には、懲戒処分の対象とする。

このようなルールにより抑止力を持たせ、適切で厳格な勤怠管理を実施していくことで、規律ある職場を実現することができます。

当然、こうした条文整理に加えて、規律ある行動を促すような、社員との日々のコミュニケーションが大切であることは言うまでもありません。

表14 欠勤・遅刻・早退・私用外出申請書

欠勤・遅刻・早退・私用外出申請書

総務部長殿

平成　年　月　日

氏名　　　　　　㊞

次の通り申請致します。よろしくお願いします。

	① 欠　勤　　　　② 遅　刻 ③ 早　退　　　　④ 私用外出
日　時	年　　月　　日 （遅刻）　　　時　　　分出社 （早退）　　　時　　　分より （私用外出）　時　　　分から　　時　　　分まで
事　由	

☐ 欠勤の場合は、当日の午前中に電話にて連絡ののち、出勤後速やかに当申請書を提出すること。
☐ 遅刻の場合は、出勤後直ちに当申請書を提出すること。
☐ 当申請書は所属長を通して総務部長に提出すること。
☐ 電車遅延の場合には証明書を添付すること。

総務部長確認	所属長確認

3　章

勤務時間

生産効率を上げる勤務時間編成方法①

11 勤務時間の原則

原則は労働基準法に定める週40時間、1日8時間を守ること

●労働基準法に即した勤務時間編成

　前項でも触れましたが、勤務時間はその取り扱いが労働生産性に大きく影響を与えるものです。業務特性や規模に応じて効率のよい勤務時間のしくみが構築できれば、業績伸張に寄与することも可能です。

　労働基準法では、勤務時間編成方法について何種類かのパターンが設けられています。この中からその会社の事業に一番合ったパターンを選択し、勤務時間編成について工夫していくことは経営管理の中でも重要な要素だと考えてください。本書では、この勤務時間編成の法定パターンについて本項を含めて4つの項に分けて解説をしていきたいと思います。

●原則は週40時間、1日8時間以内

　労働基準法では、勤務時間について、一定の制約を設けています。

> 労働基準法第32条　使用者は、労働者に、休憩時間を除き一週間について四十時間を超えて、労働させてはならない。
> 2、使用者は、一週間の各日については、労働者に、休憩時間を除き一日について八時間を超えて、労働させてはならない。

　このように勤務時間は、週40時間以内、1日8時間以内に設定を

することが原則です。もし週40時間もしくは1日8時間を超えて働かせる場合には、後述の通り、時間外労働として別途手続きが必要となります。

また、休憩時間についても労働基準法で以下の通り規定されています。

> **労働基準法第34条**　使用者は、労働時間が六時間を超える場合においては少なくとも四十五分、八時間を超える場合においては少なくとも一時間の休憩時間を労働時間の途中に与えなければならない。
> 2、前項の休憩時間は、一斉に与えなければならない。ただし、当該事業場に労働者の過半数で組織する労働組合がある場合においてはその労働組合、労働者の過半数で組織する労働組合がない場合においては労働者の過半数を代表する者との書面による協定があるときは、この限りでない。
> 3、使用者は、第一項の休憩時間を自由に利用させなければならない。

休憩については、いわゆる3原則というものがあります。これは条文にある通り、**途中付与原則、一斉付与原則、自由利用原則**のことです。このうち一斉付与原則は、一定の業種の場合[注1]、あるいは労使協定をした場合には一斉ではなく交代で付与することが可能です。

こうした労働基準法の基準を意識して、始業・就業時刻、そして休憩の設定を、例えば、
- 始業時刻午前9時　終業時刻午後6時
- 正午から午後1時までの1時間は休憩
- 週休2日制

としている会社が多く見られます。この場合、勤務時間は1日8時間で法定通りとなります。休憩時間については勤務時間が8時間

を超えていないので45分でかまわないのですが、わかりやすさから1時間としているところが多いと思われます。勤務時間が1日8時間であると、休日については週に2日を確保しなければ週40時間以内に収まりませんので、週休2日制とすることになります。

●シフトパターンを利用した柔軟な勤務体制

ただ、就業規則にこれだけを規定しておくと何かあったときに始業時刻、終業時刻を変更することができずに身動きが取れなくなるリスクがあります。そこで、多くの会社の就業規則では次のような補足条文が付け加えられています。

> 第○条　始業時刻および終業時刻は、業務の都合により、全部または一部の社員に対して、変更することができる。

さらにこの条文の解釈を拡大していき、シフト勤務制を組むこともできます。これは業種によっていろいろなパターンを考えることができます。

小売業やサービス業のように顧客と接触する営業時間というものがあり、例えばその営業時間が午前9時から午後9時までの1日12時間体制というような場合には、下記のようなシフト勤務パターンを設け、営業時間全体をカバーしていきます。

早番	始業時刻　午前9時	終業時刻　午後6時
遅番	始業時刻　午後12時	終業時刻　午後9時

(各々休憩は1時間)

製造業で工場勤務者に対しては、下記のように昼夜勤務による3交替制のシフト勤務パターンを設けていくということもできます。

これらを見ていただくと各シフトパターンでは、勤務時間8時間、休憩時間1時間となっています。つまり、労働基準法32条の1日8時間以内という制約が守られていることになります。

シフトA	始業時刻	午前6時	終業時刻	午後3時
シフトB	始業時刻	午後2時	終業時刻	午後11時
シフトC	始業時刻	午後10時	終業時刻	午前7時

(各々休憩は1時間)

このように原則としての始業、終業時刻を定めていくほか、シフト勤務制を組んでいくことで、より柔軟に業種や職務内容に応じた勤務時間編成を可能にすることができます。なお、シフト勤務制を組むときにはシフトパターンも就業規則に載せておくとよいでしょう。

もちろん、デスクワークが主体であり、始業・終業時刻が固定的であってもなんら問題がなければ、こうしたシフト制を検討する必要はありません。

(注1) 運輸運送業、商業、金融・保険・広告業、映画演劇業、通信業、保健衛生業、接客娯楽業、官公署

12 生産効率を上げる勤務時間編成方法②
変形労働時間制

変形労働時間制を活用しメリハリの利いた勤務時間を実現

　前項では1日8時間以内ということを守って勤務体制を組みました。複数のシフトパターンを設けても、1日8時間以内に収まっていました。ただ、もう少し柔軟に勤務時間を取り扱うことはできないかと思われる方も多いのではないでしょうか。

　この項では、繁忙と閑散のメリハリある勤務時間の組み立てを実現するための変形労働時間制について、考えていきます。

　労働基準法に規定されている変形労働時間制については、「1ヶ月単位」「1年単位」「1週間単位」の3種類がありますが、このうち1週間単位は、旅館、料理店など一部の業種に限定されるものですので、ここでの説明は割愛をし、「1ヶ月単位」および「1年単位」について見ていきたいと思います。

●1ヶ月単位変形労働時間制とは

　以下は1ヶ月単位変形労働時間制に関する労働基準法の条文です。

> 労働基準法第32条の2　使用者は、当該事業場に、（中略）一ヶ月以内の一定の期間を平均し一週間当たりの労働時間が32条の労働時間を超えない定めをしたときは、その定めにより、特定された週や日において32条の労働時間を超えて、労働させることができる。（一部読み替え）

　つまり、週40時間、1日8時間以内という大原則に対して、1ヶ月以内の一定期間での平均が週40時間以内であれば、週40時間、

1日8時間を超える設定ができるというものです。

例えば、月末、月初が繁忙であり、月中は比較的閑散状態である場合に、月末の1週間、月初の1週間は各48時間である一方、月中の2週間は、各32時間／週であれば、結局4週間平均で40時間をキープすることになり、法定内の対応とすることができるわけです。

この1ヶ月単位変形労働時間制を採用するには、労使協定を結ぶか、就業規則に規定をしておく必要があります（労使協定を締結した場合は労働基準監督署への届出も必要です）。

●1年単位変形労働時間制とは

1年単位変形労働時間制も考え方としては、1ヶ月単位変形労働時間制と同じで、その対象期間が、1ヶ月以内ではなく最長で1年までとすることができるというものです。ただ、期間が伸びた分、**1ヶ月単位変形労働時間制と比較してもさまざまな制約要件が課せられています**。具体的な要件は以下の通りです。

①過半数労組または過半数代表者(注1)との間で労使協定を締結し労働基準監督署に届出しなければならない。
②適用労働者範囲を決め、労使協定事項としなければならない。
③労使協定には、対象期間の労働日と労働日毎の労働時間を記入しなければならない。（ただし、対象期間を1ヶ月以上の期間ごとに区分することにした場合には、最初の区分された期間は原則通りとし、2期目以降の区分された期間では、期間毎の労働日数、期間毎の総労働時間を決める。そして各期の初日の少なくとも30日前までに、労働日および労働日ごとの労働時間を、過半数労組または過半数代表者の同意を得て定める）
④労働時間の上限は1週間52時間、1日10時間。

⑤連続して労働させることのできる日数は6日まで（ただし協定に定める特定期間（業務繁忙期間）においては最大12日まで）

⑥対象期間が3ヶ月を超える場合には、1週間で48時間を超える週が4連続となってはいけない。また、対象期間を3ヶ月に区分した期間内で48時間超は4週以上となってはいけない。

⑦労働日は対象期間が3ヶ月を超える場合には、対象期間1年あたり280日が限度。

⑧対象期間の起算日、労使協定の有効期間を定めておかなければならない。

表15　1年単位変形労働時間制の制約

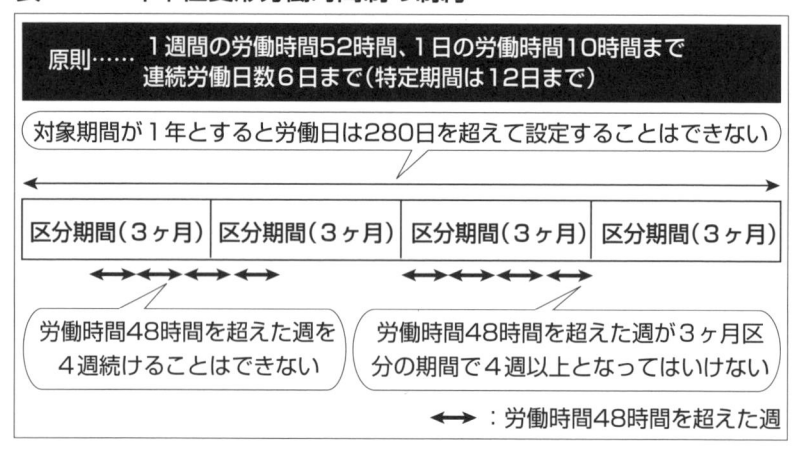

原則……1週間の労働時間52時間、1日の労働時間10時間まで 連続労働日数6日まで(特定期間は12日まで)
対象期間が1年とすると労働日は280日を超えて設定することはできない
区分期間（3ヶ月）｜区分期間（3ヶ月）｜区分期間（3ヶ月）｜区分期間（3ヶ月）
労働時間48時間を超えた週を4週続けることはできない　／　労働時間48時間を超えた週が3ヶ月区分の期間で4週以上となってはいけない
←→：労働時間48時間を超えた週

　1ヶ月単位変形労働時間制では、1日の勤務時間、1週間の勤務時間および連続勤務可能日数に上限はありません。しかし1年単位変形労働時間制では、上限が定められていますので、勤務時間設定をする上では注意が必要となります。

　また、各日、各週の勤務時間については、事前に予定をしておかなければなりません。これについては、1ヶ月単位変形労働時間制にも言えることです。

（注１）過半数労組または過半数代表者⇒その事業場の従業員の過半数が加入している労働組合か、労働組合がない場合には、従業員の過半数が民主的方法で選出した従業員代表者のことです。

●勤務時間設定の具体例

　１ヶ月単位変形労働時間制にしても、１年単位変形労働時間制にしても、労働日や労働時間をどう設定するかの考え方は一緒です。つまり、繁忙期に労働日を多めに設け、または長めの勤務シフトパターンを活用する一方、閑散期には、労働日を少なくし、または短めの勤務シフトパターンを使うことで、期間全体として平均時間が１週間に40時間を超えないような設定にしていくというものです。
　シフトパターンは、例えば表16のようなものを設定します。
　こうした勤務パターンを使い、できるだけ効率のよい勤務体制をつくりましょう。例えば繁忙期ではロング１のシフトを10日、ロング２のシフトを５日それぞれ予定したら、閑散期にもショート２のシフトを10日、ショート１のシフトを５日と設定すると、対象期間中、平均すると１日８時間が維持できることになります。
　このようなパターンは、業種、職務内容、繁閑の度合いなどを踏まえて、工夫をしながら設定をしていきましょう。

表16　シフトパターンの例

シフト名	始業時刻	終業時刻	勤務時間数
ロング１	午前９時	午後８時	10時間
ロング２	午前９時	午後７時	9時間
ノーマル	午前９時	午後６時	8時間
ショート１	午前９時	午後５時	7時間
ショート２	午前９時	午後４時	6時間

（各々休憩は１時間）

3章　勤務時間

13 生産効率を上げる勤務時間編成方法③
フレックスタイム制
フレックスタイム制は従業員のモチベーション向上にもつながる

●フレックスタイム制とは

　始業・終業時刻は、会社側が定め、従業員はそれに従い、もし始業時刻までに出社しなければ遅刻とするのが通常ですが、そうした枠を取り外し、従業員に始業時刻、終業時刻の決定を委ねる勤務時間制度がフレックスタイム制です。

　フレックスタイム制は、一定の対応時間帯の中で、勤務時間帯（＝始業・終業時刻）を従業員各人が決めますので、1日の労働時間は決めておかず、1ヶ月以内の一定期間（これを清算期間といいます）の総労働時間のみ決めておき、その中で従業員各人がコントロールをしていきます。

　フレックスタイム制を導入している多くの企業では、一定の時間帯をコアタイムという必ず勤務しなければならない時間帯とフレキシブルタイムという従業員が選択すべき時間帯とに分けて運用をしています。

　このコアタイム、フレキシブルタイムは設定しなくても法令上問題ないのですが、ルーズにさせずメリハリを利かせるためにも、また社内のコミュニケーション量を維持するためにも、コアタイムを定めておくことは重要です。

●労働基準法上の要件

フレックスタイム制を導入する労働基準法上の要件は以下の通りです。

① 就業規則に「始業・終業時刻を労働者の決定に委ねる」旨を記載する

② 次の事項が記載された労使協定を締結する（労働基準監督署への届出の必要はない）

- 対象労働者の範囲
- 清算期間（1ヶ月以内）
- 清算期間の総労働時間
- 標準となる1日の労働時間（これは年次有給休暇取得の際の賃金計算上のもの）
- 設定する場合のコアタイムおよびフレキシブルタイムの時間帯

●過不足調整

清算期間としては、わかりやすさの観点からも通常1ヶ月で運用しているところが多いようです。仮に1日の標準時間が7時間で1ヶ月の清算期間で総労働時間154時間とした場合、例えば、労働者の出勤が6時間の日が5日、7時間の日が12日、8時間の日が5日であれば、総労働時間が154時間ちょうどとなり、労使貸し借りはありません。ただそのようにぴったりになるとは限りません。

例えば、6時間の日が8日、7時間の日が12日、8時間の日が2日であったときには、総労働時間は148時間となり、6時間足りないこととなります。この場合には、翌月に総労働時間を6時間多い160時間とすることができます（これを「借り時間」と言います）。

ただし、借り時間をした結果、1ヶ月の法定労働時間を超えてしまう場合には、割増賃金の支払義務が生じます)。逆に、例えば、労働者の出勤が6時間の日が2日、7時間の日が12日、8時間の日が8日であり総労働時間が160時間で6時間超過している状態(貸し時間)のときにそれを翌月に持ち越すことはできません。

●フレックスタイムの運用

フレックスタイム制を導入したほうがよいかどうかは、**業種や職種によって慎重に判断をするべきです**。工場の稼働時間を決めている製造業や営業時間のある小売業などでは、フレックスタイム制は適合しないでしょう。合わないのに無理に導入すると労働生産性を著しくダウンさせることにもなります。なにせ、出退勤管理自体を従業員に任せるということですので、下手をすると職場全体がルーズになりかねません。

フレックスタイム制に向いているのは、企画や制作など従業員に出来高ではなく出来栄えを求めるような職種でしょう。こうした職種では、フレックスタイム制の活用の仕方次第で、生産性向上に寄与する可能性があります。

従業員は自己管理を委ねられたことで、やる気と責任感を強く持つことになります。

フレックスタイム制を運用するには、いくつかの注意点があります。

まず、**従業員に勤怠管理上すべてが自由だと意識させすぎないようにすることです**。そのため、出退勤状況は定期的にチェックをして必要に応じて指導をしていきます。

それから前述した通り、コアタイムを設けていき、コアタイム中の決まった時刻にミーティングを催すなどして、組織的に散漫にな

ることを回避します。また、コアタイムまでに出社しなければ遅刻として制裁扱いとするなど、規律を設けてけじめのある行動を求めていくことが肝要です。

表17 フレックスタイム制労使協定のサンプル

フレックスタイム制勤務協定

株式会社佐藤電機と従業員代表鈴木正一は労働基準法第32条の3および就業規則第○条の規定に基づき、フレックスタイム制勤務に関して、以下の通り協定する。

(適用対象者)
第1条　本協定におけるフレックスタイム制勤務の対象者は、開発部勤務の社員とする。
(清算期間)
第2条　フレックスタイム制による勤務時間の清算期間は、毎月1日から月末までとする。
(標準時間および総労働時間)
第3条　清算期間における所定労働時間は、1日の標準労働時間8時間に清算期間における所定労働日数を乗じた時間とする。ただし、清算期間を平均した1週間あたりの労働時間は、法定労働時間を超えないものとする。
(休憩時間)
第4条　休憩時間は1時間とする。
(コアタイムおよびフレキシブルタイム)
第5条　コアタイムは午前11時から午後3時とする。また、フレキシブルタイムは、午前8時から午前11時まで、および午後3時から午後8時までとする。
(過不足清算)
第6条　清算期間における所定労働期間を超過した勤務に対しては、時間割給料及びその2割5分の時間外手当を支給する。清算期間における所定労働時間に不足が生じた場合には、不足時間を翌月に繰り越し、翌月以降の所定勤務時間に加算し、清算するものとする。ただし、フレックスタイム制による勤務をする者は、著しい不足が生じないように努めなければならない。
(努力義務)
第7条　フレックスタイム制による勤務をする者は、各人で始業・終業時刻を選択する際には、与えられた業務に支障が生じないように努めなければならない。
(有効期限)
第8条　本協定の有効期限は、平成23年4月1日から1年とする。

平成23年3月31日

株式会社佐藤電機
代表取締役社長　佐藤浩二

株式会社佐藤電機
従業員代表　鈴木正一

14 生産効率を上げる勤務時間編成方法④
みなし労働時間制

従業員の自主性を高め、労働生産性を向上させる

　フレックスタイム制をさらに発展させ、従業員に勤怠管理や仕事の遂行方法をすべて任せてしまおうというのが「みなし労働時間制」です。みなし労働時間制は、上手く活用すれば労働者の自主性を高め労働生産性を向上することが可能です。

　みなし労働時間制は大きく分けて「事業場外労働時間制」と「裁量労働制」があり、さらに裁量労働制には「専門業務型裁量労働制」と「企画業務型裁量労働制」があります。
　みなし労働時間制は、基本的に勤務時間管理は従業員に委ねられるわけですが、休憩、休日、深夜業については法定通り適用されることとなりますので、通常の従業員と同様の扱いとなります。

●事業場外労働時間制

　外回りの多い営業部門では、出退勤の管理をすることが難しい局面が多々あります。効率的に営業回りをさせるには、どうしても直行や直帰の頻度が高くなり、そうしますと直接指揮監督をする機会もなくなります。また、出張などで現地に直接赴き、会社には立ち寄らないときも、直接、時間管理をすることができません。
　このように、始業時刻、終業時刻を設けて労働時間を算定することが困難な場合には、事業場外労働時間制を採り入れ、所定労働時間勤務したものとみなしていきます。

「みなす」ということですので、実際に労働した時間が所定労働時間より長い、あるいは短い場合でも、そのことを斟酌せずに所定労働時間として時間計算をすることになります。この事業場外労働時間制を導入したい場合には、例えば次のような条文を就業規則に記載します。

> 第○条　営業部門の者、あるいは出張する者等、社外で勤務をする際、指揮監督が及ばず、労働時間を算定することが困難な場合には、所定労働時間を勤務したものとみなす。

　事業場外労働は原則として所定労働時間を勤務したものとみなしますので、実際に超過勤務をしたとしてもその分は賃金に反映されません。ただ、あるセクションの働き方が、通常の所定労働時間では収まらず、恒常的に超過勤務をせざるを得ないという場合もあるかと思います。このようなときには、労使協定で恒常的に超過する時間も含めた労働時間を勤務したものにみなすようにすることができます（この場合、協定で定める時間が法定労働時間を超えるときには、所轄労働基準監督署への届け出が必要となります）。

●専門業務型裁量労働制

　仕事自体が、その出来栄えを重視し、労働時間の長さと労働価値が必ずしも連動しない業務にとっては、出退勤管理自体がまったく意味をなさないものとなります。こうした業務をする者について、労使であらかじめ定めておいた時間を勤務したものとみなし、業務遂行の手段や方法、時間配分等を大幅に労働者の裁量に委ねる制度を裁量労働制と言います。

　もともと裁量労働制は、すべての業務に適応させるのではなく、

表18　厚生労働省令で定める専門業務型裁量労働の業務

新商品、新技術の研究開発または、人文科学、自然科学の研究業務
情報処理システムの分析または設計
新聞、出版の取材もしくは編集、放送の取材・編集
デザイナー
プロデューサーまたはディレクター
厚生労働大臣指定業務……コピーライター、システムコンサルタント、インテリアコーディネーター、ゲーム用ソフトウエアの創作、証券アナリスト、金融工学等の知識を用いて行なう金融商品開発、大学における教授研究の業務、公認会計士、弁護士、建築士、不動産鑑定士、弁理士、税理士、中小企業診断士

表19　専門業務型および企画業務型裁量労働制の要件

	専門業務型裁量労働制	企画業務型裁量労働制
実施要件	労使協定の締結・届出	労使委員会の5分の4以上の合意による決議
適用労働者	法令指定の業務のみ	ホワイトカラー全般（ただし、新入社員や単純事務員は除かれる）
協定記載（委員会決議）要件	・対象業務 ・1日当たりのみなし労働時間数 ・当該業務の遂行手段、時間配分の決定等に関して、具体的指示をしない ・労働者の健康および福祉を確保するための措置を使用者が講ずる旨 ・労働者からの苦情処理に関する措置を使用者が講ずる旨 ・有効期間	・対象業務 ・対象労働者の範囲 ・1日当たりのみなし労働時間数 ・当該業務遂行手段、時間配分の決定等に関して、具体的指示をしない ・労働者の健康および福祉を確保するための措置を使用者が講ずる旨 ・労働者からの苦情処理に関する措置を使用者が講ずる旨 ・対象労働者に同意を得ること ・有効期間

表18のような一定の限られた業務のみを対象とするものでした。このように職種を特定した中で取り組まれるものを専門業務型裁量労働制と言います。専門業務型裁量労働制を導入するには、表19のような要件が必要となります。

●企画業務型裁量労働制

　従来は職種を特定した専門業務のみが裁量労働制の対象でしたが、社会における就業実態の変化に従い、専門業務のみでなく企画などホワイトカラー層でも採用できるようにと、企画業務型裁量労働制が平成12年に誕生しました。ただし、際限なく対象を広げると労働者側の負担を強いることにもなりかねないことから、労使委員会決議を必要とするなど、その要件を厳格にしています。
　対象となる業務は、

　①事業の運営に関する事項についての業務であること
　②企画、立案、調査および分析の業務であること
　③当該業務の性質上これを適切に遂行するにはその遂行の方法を
　　大幅に労働者の裁量に委ねる必要がある業務であること
　④当該業務の遂行の手段及び時間配分の決定等に関し使用者が具
　　体的な指示をしないこととする業務であること

　この４要件を満たすものとなります。具体的には、経営企画、人事、財務、営業企画、生産企画、広報企画といった業務が該当します。
　ただし、こういったセクションでも、キャリアの浅い新入社員などは対象から外されることになります。

15 下手をすると大損になる正しい休日設定の方法

経営の負担にならない適切な休日数をコントロールしよう

●法定休日

休日の設定の仕方についても、労働基準法に定められていますので、見てみましょう。

> 労働基準法第35条　使用者は、労働者に対して、毎週少なくとも一回の休日を与えなければならない。
> 2、前項の規定は、4週間を通じて4日以上の休日を与える使用者については適用しない。

このように労働者に与える休日設定は、法律では「週1回もしくは4週間に4日」ということが使用者の義務とされています。

この労働基準法第35条で求める休日を「法定休日」と言います。実際は、多くの会社で週休2日制となっている中、法定休日以外の休日もありますね。これを法定外休日と言います。

どの休日を法定休日とするかは会社が決めればよいことになっています。普通は、土日を休日とする場合、日曜日を法定休日、土曜日を法定外休日としているところが多いでしょう。法定休日と法定外休日の違いは割増賃金の支払い方です。法定外休日に労働させた場合の割増賃金は、通常の時間外労働と同じ、2割5分増しですが、法定休日に労働させた場合には3割5分増しという高い率の割増賃金となります。

ところで、休日は、この第35条だけを見れば、週1日でよいのですが、第32条の週40時間以内労働という規制から見ると、実際はもっと休ませなければならないこととなります。

　例えば、1日の所定労働時間を8時間と定めた会社があったとしましょう。この場合、実際には週に2日の休日を設けないと、法定を超えてしまうことになります。年間でいえば少なくとも105日の休日設定が必要になります。ちなみに、もし1日の所定労働時間が6時間の場合は休日数は週1日でも週40時間以内となります。つまり、1日の所定労働時間数によって、週の休日数や年間の必要休日数は異なってくるわけです。この点も踏まえて、休日設定を考えなければなりません。

●休日数設定の考え方

　休日数は、根幹的な労働条件要素のひとつと言えます。労働者からも最も高い関心が寄せられるところです。怖いのは一度就業規則に書いてしまうと、それを変更するのは容易でないということです。中小企業でよく次のような就業規則を見かけます。

```
第○条　休日は次の通りとする。
　　　1、日曜日
　　　2、土曜日
　　　3、祝日、国民の休日
　　　4、夏季休業
　　　5、年末年始休業
```

　これをそのまま勘定すると年間何日程度となるでしょうか。土曜日、日曜日を合わせるだけで、104日となります。これに祝日は土日の重なり具合にもよりますが、12～14日程度になると思います。

加えて、仮に夏季休業が3日、年末年始が3日としても120日を超える日数になっていきます。ネット上などにある雛型就業規則をそのまま使うとこうした条文になりがちです。
　年間労働時間数は、(365日－年間休日数)×1日所定労働時間数ですので、この休日数は裏を返すと年間労働時間数の算出元となります。この当たり前のことについて意外と無頓着に捉えている中小企業が多いのです。

　従業員数が増えれば増えるほど、この事実は大きなものになっていきます。規模が小さいときに何の気なしに設けた就業規則条文が、規模が大きくなるにつれて首を絞めることになりかねません。
　我が国では、就業規則に一度設定した内容の労働条件を不利益変更することは非常にハードルが高いため、最初から高水準の労働条件を設定することは得策とは言えません。創業期のうちは、法定の求める日数（例えば1日8時間であれば年間105日）に近いところからスタートするのがよいのではないでしょうか。

●休日振替の利用

　休日を設けたものの、実際に事業を進めていく上では、休みの日に労働をさせなければならないことも出てくるでしょう。しかし原則として法定休日に出勤させたら休日労働の割増賃金が必要となります。これではコストがかかり労働生産性が高まりません。
　そこで、休日の出勤には、休日振替を活用します。これは休日と労働日を振り替えることで休日労働の割増賃金を発生させない方法です。例えば、法定休日である日曜日に勤務し、その代わりにその週の火曜日を休日とするというものです。休日振替には以下の要件があります。

①振替の具体的な事由および振替日の指定方法を定める
②遅くとも振り替えられる日の前日までに通知する
③法定である4週間4日の休日は確保できるようにする

　休日振替は、休日労働に対する割増賃金を支払わずに休日に出社させることが可能となりますので、しっかりと運用すればコスト増を抑制できます。
　ただし、週を超えて振替をすると週40時間の枠を超えてしまうことになりかねず、その場合には超えた分について時間外労働の割増賃金が発生しますので、注意したいところです。

　また、しっかりと管理をしておかないと、振替後の休日に労働者が結局出勤してしまい、振替分が溜まってしまうということもしばしば起こります。本来、振替分を溜めるという行為は法的には認められないことです。振替分が溜まった状態で万が一労働基準監督署の臨検にでも入られたときには、その分の割増賃金の支払いを命じられることにもなりかねません。これに対しては、休日振替がされたかどうかをしっかりとチェックするなどの管理体制を整えておくべきでしょう。
　なお、休日振替のことを、よく間違えて「代休」と呼ぶ人がいますが、代休は別物です(注1)。代休には割増賃金が生じることになりますのでご注意ください。

（注1）振替休日に必要な事前の手続きをせず、事後に別の日を休日とする措置を「代休」と言います。代休は休日を移動させずに労働をさせたという捉え方になり、割増賃金の支払義務が発生します。ちなみに、代休は必ず取らせなければならないものではありません。

16 侮ると怖い！時間外労働を正しく認識する

時間外労働は労使協定と就業規則記載がないとさせられない

●早出や残業、休日出勤の法的な意味合い

　普通、多くの会社では従業員に早出や残業をさせ、その見返りとして時間外手当を支給するという対応をしていると思います。残業は、日常の中では当然のものだとお考えの方も多いかと思います。

　しかし、法律的に見ていくと、時間外労働とは、原則としては禁止事項であり、やむを得ない事情によりやらざるを得ないときの例外規定として、就業規則に時間外労働をさせる旨の明記があり、かつ労使協定を締結した場合に限り、させることができるという代物なのです。

　労働基準法には次のように規定されています。

> **労働基準法第36条**　使用者は、労使協定を締結し、これを行政官庁に届け出た場合においては、その協定で定めるところによって労働時間を延長し、又は休日に労働させることができる。（一部読み替え）
> **労働基準法第37条**　使用者が、前条の規定により労働時間を延長し、又は休日に労働させた場合においては、その時間又はその日の労働については、通常の労働時間又は労働日の賃金の計算額の2割5分以上5割以下の範囲内でそれぞれ政令で定める率以上の率で計算した割増賃金（表20）を支払わなければならない。（一部読み替え）

表20　割増賃金

時間外労働	2割5分以上 （ただし1ヶ月60時間を超える時間外労働については5割以上……当面中小企業は適用が猶予）
休日労働	3割5分以上 （休日労働は法定休日のときの労働です）
深夜労働	2割5分以上 （深夜労働とは原則として午後10時から午前5時までの時間帯での労働を言います）
時間外で深夜労働した場合	5割以上
法定休日で深夜労働した場合	6割以上

　時間外労働や法定休日労働と深夜労働は割増賃金が重複して発生します。例えば午後6時から午前0時まで6時間残業したとすると午後10時までの4時間には2割5分以上、午後10時から午前0時までの2時間には5割（つまり2割5分＋2割5分）以上の割増賃金を払う必要があります。

●36協定

　時間外労働や休日労働をさせるための労使協定のことを通称で36（サブロク）協定と呼んでいます。36協定は会社の所轄労働基準監督署に届出をする必要があります。前述の通り、時間外労働等をさせるのは、原則論を破るということになるので労働者保護という観点からペナルティを課しているのです。
　つまりそのペナルティが、労使協定および届出という面倒な手続と割増賃金の支払いという費用負担なのです。労働基準監督署に

は、「時間外労働休日労働に関する協定届」を提出していきます（表21）。この届には下記の項目を記載します。

　①事業の種類、事業の名称、事業の所在地
　②時間外労働・休日労働をさせる必要のある具体的事由
　③業務の種類、労働者数
　④所定労働時間、所定休日
　⑤延長することができる時間
　⑥労働させることができる休日
　⑦有効期間
　⑧労働側協定当事者の選出方法

●サービス残業は要注意

　労働基準監督署は、時間外労働が適正かどうかに神経をとがらせています。もし、いわゆるサービス残業の実態があるとして、それを調査されますと過去２年間まで遡及して未払い残業代の支払いを求められます。

　さらに、企業の対応として悪質な場合には裁判所により付加金の支払い命令が出されることもあります。この付加金は未払金と同額の支払が求められます。このように、サービス残業に対しては、労働法制上大変厳しい姿勢で対応が迫られることになります。特に近年、取り締まりが厳しくなっていますので、要注意です。下手をしますと企業財務上も大きな痛手を食らうことになりかねません。この点は、ぜひとも心しておいてください。

表21　36協定届のサンプル

事業の種類	事業の名称	事業の所在地（電話番号）
プログラム受託開発等	株式会社佐藤電機	新宿区新宿○-○-○ Tel:(03-1234-5678)

様式第9号（第17条関係）

時間外労働／休日労働に関する協定届

	時間外労働をさせる必要のある具体的事由	業務の種類	労働者数（満18歳以上の者）	所定労働時間	延長することができる時間			期間
					1日	1日を超える一定の期間（起算日）1ヶ月（毎月1日）／1年（4月1日）		
①下記②に該当しない労働者	顧客都合のための臨時	プログラミング	9名	8時間	4時間	45時間	360時間	平成23年4月1日から1年間
	業務に対応するため							
②1年単位の変形労働時間制により労働する労働者								

休日労働をさせる必要のある具体的事由	業務の種類	労働者数（満18歳以上の者）	所定休日	労働させることができる休日並びに始業及び終業の時刻	期間
顧客都合のための臨時業務に対応するため	プログラミング	9名	土・日曜日、国民の祝日・休日、会社が予め指定する休日	同左 9時～18時	平成23年4月1日から1年間

協定の成立年月日　平成23年4月1日
協定の当事者である労働組合の名称又は労働者の過半数を代表する者の　職名
氏名　鈴木正一　㊞
協定の当事者（労働者の過半数を代表する者の場合）の選出方法（文書回覧による信任）
平成23年4月1日

　　　　　　　使用者　職名　代表取締役社長
　　　　　　　　　　　氏名　佐藤浩二　㊞

労働基準監督署長　殿

〔記載心得〕
1 「業務の種類」の欄には、時間外労働又は休日労働をさせる必要のある業務を具体的に記入し、労働基準法第36条第1項ただし書の健康上特に有害な業務について協定をした場合には、当該業務を他の業務と区別して記入すること。
2 「延長することができる時間」の欄の記入に当たっては、次のとおりとすること。
(1)「1日」の欄には、労働基準法第32条から第32条の5まで又は第40条の規定により労働させることができる最長の労働時間を超えて延長することができる時間であって、1日についての限度となる時間を記入すること。
(2)「1日を超える一定の期間（起算日）」の欄には、労働基準法第32条から第32条の5まで又は第40条の規定により労働させることができる最長の労働時間を超えて延長することができる時間であって、労働基準法第36条第1項の協定で定められた1日を超える3箇月以内の期間及び1年間について延長することができる時間の限度に関して、その1欄に当該延長することができる時間の起算日を記入し、その下欄に当該期間に、それぞれ当該期間についての限度となる時間を記入すること。
3 ②の欄は、労働基準法第32条の4の規定による労働時間（対象期間が3箇月を超える変形労働時間制）により労働する者（対象期間に限る。）について記入すること。
4 「労働させることができる休日並びに始業及び終業の時刻」の欄には、労働基準法第35条の規定による休日であって労働させることができる日並びに当該休日の労働の始業及び終業の時刻を記入すること。
5 「期間」の欄には、時間外労働又は休日労働をさせることができる日の属する期間を記入すること。

※ 労働組合代表者または従業員過半数代表の記名捺印

3章　勤務時間

17 適切な年次有給休暇の取り扱い方

年次有給休暇は法律で認められている労働者の権利

● 法定で定める年次有給休暇

　労働基準法では、休日の他に年次有給休暇を労働者に付与することが使用者に義務付けられています。日本では以下の付与日数以上のものを必ず設定しなければならないことになっています。

表22　通常勤務者の年次有給休暇付与日数

継続勤続年数	6ヶ月	1年6ヶ月	2年6ヶ月	3年6ヶ月	4年6ヶ月	5年6ヶ月	6年6ヶ月以上
年次有給休暇日数	10日	11日	12日	14日	16日	18日	20日

　年次有給休暇が付与されるには「6ヶ月間継続勤務し全労働日の8割以上出勤する」という要件があります。従って6ヶ月未満の者には付与する必要はありません。ただしこの6ヶ月は試用期間も含めての算定となります。

表23　パートタイマーの年次有給休暇付与日数

継続勤務年数 / 週所定労働日数	6ヶ月	1年6ヶ月	2年6ヶ月	3年6ヶ月	4年6ヶ月	5年6ヶ月	6年6ヶ月以上
4日	7日	8日	9日	10日	12日	13日	15日
3日	5日	6日	6日	8日	9日	10日	11日
2日	3日	4日	4日	5日	6日	6日	7日
1日	1日	2日	2日	2日	3日	3日	3日

※5日以上のときは、通常勤務者と同じ付与日数になります。

また、いわゆるパートタイマーなど所定労働日数が通常者よりも少ない者に対しても、年次有給休暇を与えなければなりまん。ただしその場合は、比例付与といって、表23の通り労働日数に比例して一定割合を減じた付与日数ということになります。

●時季変更権

　労働者は、有給休暇の取得時期を指定すれば、許可を求めることなく取得することができます。これを「時季指定権」と言います。でも、会社側からすれば好きなときに好きなだけ有給休暇を取得されたらたまったものではないでしょう。
　そこで、経営側には時季変更権という権利が認められています。これは、**労働者の指定した時季の取得が、業務の正常な運営を妨げる場合、他の時季に変更することができる**というものです。ただし、労働者が有給休暇を取得することで、あくまでも正常な運営が妨げられるという正当な事由が求められますので、単に交代要員がいないからなどという理由では、権利行使は認められません。このようなことから、時季変更権の行使については、労働者によく状況を説明して納得をさせた上でのものに越したことはありません。
　年次有給休暇は、上手く管理をしないと要員に穴をあけることになりかねません。事前に申請させるようなルールを就業規則等を通して整備しておくべきでしょう。
　また、年次有給休暇については、計画的に付与をする方法があります。これは各人の有する年次有給休暇日数の５日を超える部分につき、経営の計画の下、強制的に取得させることができるというものです。これは、利用の仕方次第では、大変有効です。例えば年末年始や夏季休業などは休日とはせずに、年次有給休暇で対応することで、賃率を下げることができるのです（賃率の説明は４章19項参照）。

4章 給与

18 労働生産性アップにつながる賃金の考え方
19 月給制と時給制　その違いを理解して有利に使い分けよう
20 中小企業にフィットした賃金表のつくり方
21 損をしない「手当」項目の設け方
22 賃金支払に関するルールの正しい理解
23 しっかり理解して間違えない！　給与計算方法①
　　給与明細の構造
24 しっかり理解して間違えない！　給与計算方法②
　　控除欄（社会保険）
25 しっかり理解して間違えない！　給与計算方法③
　　控除欄（税金）
26 社員のやる気を引き出す賞与の出し方
27 評価制度の在り方

4

18 労働生産性アップにつながる賃金の考え方

「出来高的仕事」と「出来栄え的仕事」に分けて考えてみる

　従業員がする仕事の種類は、大きく２つに分けることができます。それは、「出来高的仕事」と「出来栄え的仕事」です。出来高的仕事は、仕事量を時間で測ることのできるもので、例えばラインでの製造などはその代表です。一方、出来栄え的仕事は"企画"、あるいは"設計"など、その質が問われる仕事であり、時間で測って価値を決めることはできない類のものです。

　賃金のあり方を検討する上でも、この**出来高的仕事と出来栄え的仕事に分けて考えることは有益**であると思います。

● 出来高的仕事

　まず、出来高的仕事から考えてみましょう。
　出来高的仕事は１時間当たりどれだけの仕事量を行なうことができるかを意識したものです。これは、時給制で考えれば容易に理解できます。例えば時給1,000円で働いてもらうとして、１時間の労働に対して得られる出来高価値が１時間当たり1,000円を下回ってしまえば赤字となります。時間当たり1,000円という人件費のインプットに対して、どれだけのアウトプットがあるかを見て労働生産性を測るわけです。

　こうした着眼点で捉える概念を「人時生産性」と言います。つまり「従業員１人頭における１時間当たりの生産量」という概念です。出来高的仕事に関しては、「人時生産性」を意識することが大切です。

従って、出来高的仕事は時間単価がいくらになるかという捉え方が賃金を決める際の重要な要素になっていきます（時間単価の考え方は次項で詳述していきます）。純粋に出来高的要素が強い業務であれば賃金管理上は時給制あるいは少し大きく捉えて日給制等で見ていくのがやりやすいことになります。

●出来栄え的仕事

　一方、出来栄え的仕事はどうでしょうか。
　出来栄え的仕事は、その成果が時間と連動しないのが特徴です。従って、時間単価という考え方はナンセンスになります。その労働者が生み出す成果に対して労働対価としての賃金を支払うという捉え方が、基本スタンスになります。
　こうした考えにフィットするのは年俸制でしょう。一定期間の中の成果物を評価していき、それに基づき賃金額を決めていくということです。プロ野球選手の契約更改を想像すればわかりやすいと思います。

●どちらの傾向が強いかを意識する

　もちろん、すべての業務を出来高的仕事と出来栄え的仕事にスパッと分けることなどできません。その中間的な仕事もたくさんあるし、ひとりの人が出来高的仕事と出来栄え的仕事の両方を抱えている場合も多く見られます。よって、賃金管理上も現実的にはその折衷的なところで、月給制を採っているところが圧倒的に多いということだと思われます。ただ、**自分の会社の仕事が出来高的仕事と出来栄え的仕事のどちらの傾向が強いのかということを捉え、それを賃金管理に反映させることを意識していくのは必要な作業です。**

19 月給制と時給制 その違いを理解して有利に使い分けよう

「賃率」という尺度を用いて検討してみる

　前項では人時生産性の話をしました。出来高的仕事については、従業員1人頭で1時間当たりの生産性というものを意識して賃金管理をしていくべきということです。

　そういった意味では、単純な出来高的仕事は時給が一番コントロールしやすいということになります。通常、いわゆるパートタイマーは時給制としているところがほとんどであると思います。それはおそらく日によって勤務時間が異なるということのほかに、任せるべき仕事の大半が出来高的仕事になっているということもあろうかと思います。

　人時生産性を見ていく上での尺度として「賃率」という考え方があります。既述の通り時給制で見ていけば人時生産性は理解がしやすいと思いますが、月給制だとピンときません。そのために賃率という尺度で捉えます。例をあげて見ていきましょう。

　月給額が300,000円、1日8時間、週休2日制と年末年始、夏季休業を合わせて年間休日数113日の人がいるとして、1時間当たりの人件費はいくらと見るべきかについて考えてみます。勤務日は月によって違ってきます。従って次のような計算式を用いて月当たりの平均労働時間を算定します。

　（365日－113日）÷12ヶ月×8時間＝168時間

そして、この月当たり平均労働時間で月給額を除すことで月給者の1時間当たり単価が算出されます。

300,000円÷168時間＝1785.71円

この場合の、168時間つまり月当たり平均労働時間のことを「賃率」と表現することがあります。賃率で算定することで、労働単価を時給者と月給者、横並びで見ることができます。

月給者においても、その大半が出来高的仕事となっているものも多いでしょう。また、時給者と月給者が同じ仕事をしているというケースだって多々見られることでしょう。こうした場合には**賃率計算をして、各人の労働生産性を捉えていく**ことが重要となります。

ただ、実際の仕事では出来高的仕事と出来栄え的仕事は混在しているのが実情でしょう。

既述した通り、その場合には月給制が収まりのよいことになります。月給制としておけば、その都度いろいろな仕事を任せることができ、まさに柔軟な対応が可能となります。また、労働者当人に対して、安定感を与えるという点でも、一般的に月給制のほうが好まれます。月給制は、基本的にフルタイム勤務となりますので、労働者としても毎日必ず出社して仕事をすることになり、会社に対しての忠誠心も出てくるでしょう。印象の問題として、月給制＝正規社員、時給制＝非正規社員という構図があることも否めません。

とはいえ、月給制のほうがすべてにおいてよいということではありません。繰り返しになりますが、出来高的仕事の要素が強いときには、時給制の労働者を組み合わせていくほうが労働生産性を高めることもできるのです。仕事の中身も踏まえた上で検討しましょう。

中小企業にフィットした賃金表のつくり方

20 役職等級制度を上手に活用していく

●賃金制度とは

　人数が10名未満の小規模な企業では、社長の一存で従業員一人ひとりとの間で賃金額を決めているところが大半ではないでしょうか。小さなうちならば、それでも問題はないでしょう。

　しかし、従業員の数が増えていきますと、一定のルールがない場合にはAさんとBさんの賃金の額の違いを合理的に説明することが困難となってきます。そうなると、従業員間の公平感を保つことができなくなり、組織をまとめることも難しくなってきてしまいます。そこで**賃金額を決めるルールをつくっていく必要**が出てきます。これが賃金制度ということになります。そして、賃金制度におけるルールに基づき賃金額を並べたものが賃金表（賃金テーブル）です。

●職能資格制度は中小企業に向かない

　日本の賃金制度については、多くの会社で「職能給」が用いられてきました。職能給は「職能資格制度」による賃金の支払い方です。

　職能資格制度は、社員に求められる職務能力を基準として社員をいくつかの等級に分けて位置付けていきます。難易度の高い職務能力を持った者は高い等級に格付けし、高い賃金額が支給されます。

　つまり、職能給は職務能力を高めることで、もらえる給料の額も高まっていくというものです。従って、職能給を用いるには、多段

階の等級をベースとした職能資格制度の組み立てが前提となります。

この等級数は大企業であれば9〜12段階程度、中小企業でも6段階程度設けるべきとされています。従業員数が数百名規模になってくれば、従業員の職務能力の習熟度別に分布させていくことは難しいことではないでしょうが、もっと規模が小さいところでは、この職能資格制度自体の組み立てが難しいと言わざるを得ません。

また、職能資格制度自体、近年の評価としては、年功的な運用になってしまうなどの理由から見直しの機運が高まっています。

このようなことから、中小企業においては職能給を用いるということは絵に描いた餅になりかねないので、あまりおすすめできません。

●おすすめは役割等級制度

それでは、中小企業においてフィットした賃金体系はどのようなものでしょうか。筆者のおすすめは、役割等級制度です。

職能資格制度では等級を各人の職務能力の習熟度に応じて区分していったわけですが、役割等級制度は、等級を期待役割で区分していきます。

表24を見てください。ここでは、一般職等級（1級）、リーダー

表24　役割等級制度のイメージ

等　級	区　分	ポジションのイメージ
1等級	一般職	入社1年から5年程度の若手
2等級	リーダー職	3名程度のユニットリーダー
3等級	監督職	ライン長
4等級	管理職	生産管理課長、製造課長
5等級	経営管理職	工場長

職等級（2級）、監督職等級（3級）、管理職等級（4級）、経営管理職等級（5級）の5等級制としています。そして、会社内の役職をこの各等級とリンクさせています。

例えば、生産現場のライン長は監督職等級（3級）、生産管理課長は管理職等級（4級）、工場長は経営管理職等級（5級）といったふうに連動させて格付けするわけです。

組織の小さい中小企業でも、ラインは多少なりとも階層化していると思います。その階層を等級と連動させていくイメージです。

役割等級制度は、その役割自体に賃金を支払っていくという考え方です。従って、例えば管理職等級（4級）の生産管理課長が経営管理職等級（5級）の工場長に昇進したら、それに伴い賃金は昇給することになります。逆に工場長で経営管理職等級（5級）だったものが、例えば他部署で管理職等級（4級）に該当する総務課長に転じた場合には、等級も5級から4級に格下げとなり、その分、賃金も減額されるということもあり得るわけです。

職能給は、従業員本人の職務遂行能力の習熟度合に対して賃金額を決めるものですので、能力が明らかに低下しない限り賃金額が下がることはありませんが、役割等級制度は役割・役職自体にお金を払うという概念ですので、そのポストに就いている人が変わってもそのポストに新たに就いた者に対しては基本的に同じ額を払っていくということになります。

そういった意味では、職能資格制度では人が辞めない限り常に昇給原資が必要となり、人件費が膨らんでいくという性質を有していますが、役割等級制度は、ポストを増やしていかない限り人件費が膨らみ続けるということはなくなります。

ただ、若手が位置付けられる一般職（1級）やリーダー職（2級）あたりは、まだ役職という概念が発生していませんので、ここでは

勤続年数、年齢、そして評価などを踏まえた運用ルールをつくり緩やかに昇給を行なっていくことになります。

一方、監督職（3級）以上のところは、運用のさせ方は2通り考えられます。ひとつは一定の範囲（比較的短めのテーブル）で昇給を認めていく方法です（表25）。

例えば製造課長として現在管理職等級（4級）テーブルの初号

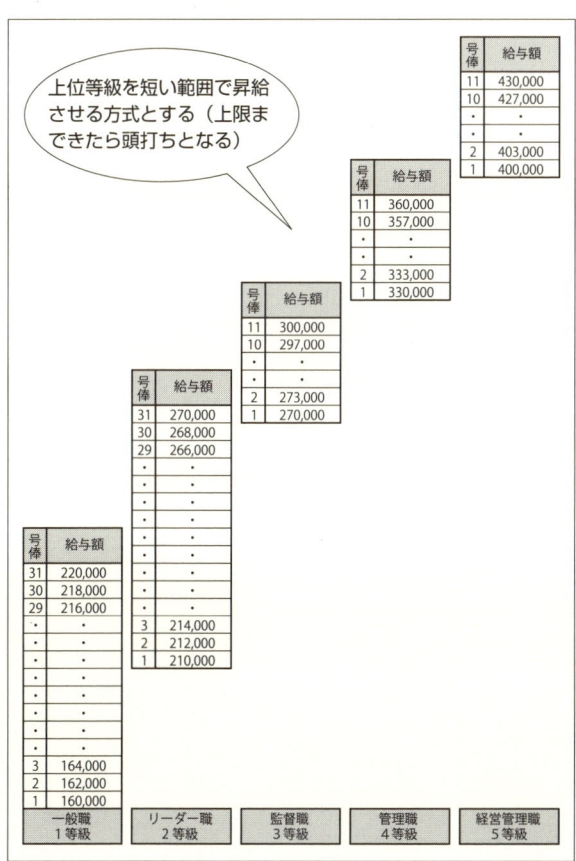

表25　役割等級賃金表のイメージ①

（上位等級を短い範囲で昇給させる方式とする（上限まできたら頭打ちとなる））

5等級 経営管理職

号俸	給与額
11	430,000
10	427,000
・	・
2	403,000
1	400,000

4等級 管理職

号俸	給与額
11	360,000
10	357,000
・	・
2	333,000
1	330,000

3等級 監督職

号俸	給与額
11	300,000
10	297,000
・	・
2	273,000
1	270,000

2等級 リーダー職

号俸	給与額
31	270,000
30	268,000
29	266,000
・	・
・	・
・	・
3	214,000
2	212,000
1	210,000

1等級 一般職

号俸	給与額
31	220,000
30	218,000
29	216,000
・	・
・	・
・	・
・	・
3	164,000
2	162,000
1	160,000

330,000円に位置している者がその年の役割を評価された上で、1号俸昇給し2号俸333,000円に移動をさせていくというものです。

ただし、その場合も昇給できる範囲が決まっており、例えば管理職等級（4級）の場合には11号俸360,000円までと決めておけば、それ以上の昇給をさせることはなく、当人がそれ以上を望むのであれば、頑張って会社に認められ経営管理職等級（5級）のポストに昇進するよう努力してもらうという具合に割り切っていきます。

表26　役割等級賃金表のイメージ②

上位等級を洗い替え方式とする
（S～Dの5段階評価に応じて毎年給与額を変動させる）

評価	給与額
S	420,000
A	415,000
B	410,000
C	405,000
D	400,000

評価	給与額
S	350,000
A	345,000
B	340,000
C	335,000
D	330,000

評価	給与額
S	290,000
A	285,000
B	280,000
C	275,000
D	270,000

号俸	給与額
31	270,000
30	268,000
29	266,000
・	・
・	・
・	・
・	・
3	214,000
2	212,000
1	210,000

号俸	給与額
31	220,000
30	218,000
29	216,000
・	・
・	・
・	・
・	・
・	・
・	・
3	164,000
2	162,000
1	160,000

一般職 1等級	リーダー職 2等級	監督職 3等級	管理職 4等級	経営管理職 5等級

もうひとつは、昇給という概念を完全になくし、毎年の評価は洗い替え方式で反映させるというものです（表26）。洗い替え方式とは、例えば、その年の評価がＳであればテーブルの一番上の給与額となりますが、翌年に評価が中位のＢに下がったら、テーブル真ん中の給与額に下がるという方法です。

例えば管理職（４級）の製造課長であれば、Ｓ評価350,000円の翌年にＢ評価となったら340,000円に降給するというものです。

運用のさせ方としては、前者に比べて後者の方が昇給コストはかからず、人件費の抑制につなげることができます。ただそれだけドラスティックであり、従業員には厳しい制度になります。

●中小企業は役割等級制度がフィットする

表に掲げた例にある役割５等級程度で役割等級制度を構築する対象企業は、従業員数が30名から100名程度のところであると考えます。従業員数30名未満の企業では、３～４等級で考えていったほうが自然な形のものになるでしょう。

ちなみに、中途採用の場合には、採用時点で役職を持たせるのであれば、それに応じた等級に格付けしていきます。役職を持たせないのであれば、例の場合、一般職等級（１級）にするか、それともリーダー職等級（２級）にするかは、採用された者のキャリアなどを勘案して決めていくことになります。

以上、大まかに役職等級制度の説明をいたしました。詳細を述べだすと膨大な量になってしまうので、このあたりにしておきますが、おそらく中小企業では、①誰が見てもわかりやすいこと、②運用がシンプルなこと、③余分な昇給原資を必要としないこと、などの理由から、役割等級制度が一番活用しやすい賃金制度と言えます。

４章　給与

21 損をしない「手当」項目の設け方

手当項目は多くせず、シンプルにしたほうがベター

　中小企業でよく見かけるのが、やたらと手当項目数の多い、"賑やかな給与明細"です。

　例えば、基準給の他に、役職手当、管理職手当、業務手当、特殊勤務手当、奨励手当、家族手当、住宅手当、といった具合に手当を並べて、「うちはお給料をたくさん出している」と言わんばかりの賃金項目を設けているものです。皆さんの会社はどうですか。手当項目数はどの程度でしょうか。

　ひとつ言えることがあります。**手当項目数があまりにも多すぎる会社は、労務管理システムが未成熟である**ということです。手当項目が多すぎると何に対して賃金を払っているかについて従業員へのメッセージ性が薄まってしまいます。また、当然、労務管理上も煩雑になります。

●手当にして算定基礎から外すということ

　よく時間外手当や退職金の算定基礎を少しでも少なくするために、基準給額の一部を手当に移すという話を聞きます。

　確かに退職金額の算定については基準給を算定基礎として、そこから手当を外すという手法は有効です。退職金の設定については法律では一切定めがありませんので、経営者の意思として自由に行なうことができます。退職金は、一旦就業規則等に定めると労働者に

対しての債務となります。すぐに資金が必要となるわけではないので、あまり切迫感を持って捉えはしないかもしれませんが、大きな金額となりますので、会社の将来の財務に著しい影響を及ぼすことになります。

ただし、やはり退職金制度がないと従業員のモチベーションにも影響を及ぼすと考える経営者も多くいらっしゃるでしょう。そうした場合には、手当項目を算定基礎から外し、退職金支給額をできるだけコンパクトにするという方法は、ひとつのテクニックと言えるでしょう。

しかし、同様の観点で時間外手当を圧縮させるということについては、法的に言って芳しいことではありません。実は法令上、手当項目として時間外手当の算定基礎から外してよいものは下記の7項目に限定されています。

表27 時間外手当の算定基礎から外してよいもの

家族手当	扶養家族数を基礎として支給されるもの
通勤手当	通勤距離に要する実費を基礎とするもの
別世帯手当	単身赴任等による別居状態に対して支給されるもの
子女教育手当	子女の教育費用に対する補てん
住宅手当	住宅に要する費用に応じて算定される手当
臨時に支払われる賃金	臨時的、突発的事由に基づいて支払われるもの
1ヶ月を超える期間毎に支払われる賃金	賞与など

手当項目については、大きく分けると生活関連のものと仕事関連のものがありますが、見ていただければおわかりの通り、これらは生活関連中心であり、仕事に関連する手当はありません。

例えば、管理職手当、役手当、交代勤務手当、別館勤務手当といったものは、時間外手当の算定基礎に含めないようにはできないことになっています。また、名目上は上記の算定除外手当項目でも、例えば全員一律で1万円を支給している住宅手当など実際は個別事情に対して支払われているものでない場合には、やはり時間外手当の算定基礎に入れなければなりません。

●仕事関連手当

こうした事情も踏まえて、無理に手当項目を多くせず、給与項目はある程度シンプルにしたほうがよいでしょう。**仕事関連の手当については、基準給に入れたほうがよいことが多いと思います。**

特に前項でご説明した役割等級制度に基づく基準給を導入した場合には、管理職手当や役手当といったものは、原則として基準給内に組み込まれるべきものであることは容易に理解できると思います。ただ、別館勤務手当など個別の事情に対する「つらさ手当」のようなものは検討の俎上にあげてよいでしょう。

●みなし時間外手当

仕事関連手当の一種になると思いますが、時間外手当をみなしとして支給するという方法があります。一般的には「業務手当」などといった名称にて一定額を毎月支払い、その都度割増賃金としては支払わないというものです。

例えば時間単価が1,000円の場合に、25,000円の業務手当を設定しておくと、20時間分（25,000円÷（1000円×1.25））の時間外労働をしても、別途割増賃金を支払う必要はありません。

ただし、20時間を超えた場合には、その超えた部分について別

途割増賃金として精算をしなければなりません。

　この業務手当のメリットは、時間外計算の算定基礎には入れなくてよいということがあげられます。従ってある程度恒常的に時間外が発生するのであるとすれば、こうした方法を設定することは有効です。
　ただし、実際は時間外労働が発生しない場合でも支払うということに目をつぶらなければならないという点がデメリットです。

●生活関連手当について

　一方、生活関連手当についても、軽々に就業規則に載せると支給し続けなければならなくなりますので、設けるかどうかは慎重に考えるべきです。
　従来は多くの会社で家族手当や住宅手当は当たり前に設けられていたものですが、近年では廃止をするところが増えてきています。会社としてプライベートな領域まで面倒を見るというのが従来のわが国の企業姿勢でしたが、バブル崩壊以降、企業にそうした余裕がなくなったこと、また従業員側も価値観が変質してきていることなどから、手当をつければモチベーションを上げられるという単純な構造ではなくなってきています。

22 賃金支払に関するルールの正しい理解

賃金支払5原則を守ることが前提となる

賃金の支払い方に関しては、労働基準法で規定がされています。まずは、条文を確認してみましょう。

> 労働基準法第24条　賃金は、通貨で、直接労働者に、その全額を支払わなければならない。（中略）法令に別段の定めがある場合又は労使協定がある場合においては、賃金の一部を控除して支払うことができる。
> 2、賃金は、毎月1回以上、一定の期日を定めて支払わなければならない。ただし、臨時に支払われる賃金、賞与その他これに準ずるものについては、この限りでない。（一部読み替え）

この条文には5つの要素が盛り込まれています。すなわち、①通貨で、②直接、③全額を、④毎月1回以上、⑤一定期日に、支払わなければならないということです。この5要素を「賃金支払5原則」と言います。

●通貨支払の例外

これに従うと賃金は原則として通貨で支払わなければなりません。ただし、現在、会社では通常給与は口座振り込みをしているところが大半だと思います。これについては、「労働者の合意があり、本人の指定する口座に振り込み、その全額が給与支払日に引き出すことができる」状態であれば口座振り込みでもよいことになっています。

●控除のルール

　また、賃金は全額を支払わなければならないというのが原則です。つまり原則では賃金からの控除はできないということになります。ただ、条文を見ていただくと控除のできる2つの方法が記されています。ひとつは「法令に別段の定めがあるとき」ということです。これは税金や社会保険料の控除のことを指します。これらのことを「法定控除」と言います。法定控除については、手続きなどは特に不要です。

　一方、法定控除以外でも、給与額から控除をする必要が生じる場合もあるでしょう。例えば、社宅の家賃であったり、財形貯蓄制度の天引き分であったり、労働組合の組合費などです。これらを控除する場合には、会社の一存で勝手に控除することはできません。労働組合あるいは労働組合がないときは従業員過半数代表との間で労使協定を締結する必要があります。この労使協定のことを「24条協定」と呼んでいます。この場合、36協定のように労働基準監督署へ届出することは不要ですが、書面にして保存をしておく必要があります。

●一定期日とは

　それから、一定期日払いということでいうと、毎月25日払いというように日を特定する必要があります。例えば第3金曜日というように、具体的に日が特定できないものは認められません。ただし、毎月「末日払い」とすることは認められています。

23 給与明細の構造

しっかり理解して間違えない！　給与計算方法①

給与明細づくりは正確さの求められる作業です

　従業員に対して給料を支払っていくにはいくつかの手順を踏んでいかなければなりません。

　第1ステップは労働時間の把握です。出勤簿に基づき、賃金の締め日翌日から翌締め日までの期間（通常は1ヶ月）の各人の労働時間を計算します。

　日給制の場合には、何日出勤したか、時給制の場合には、何時間労働したかのカウントということになります。逆に月給制では、遅刻、早退は何時間あったか、欠勤はあったかについてのチェックになります。加えて、残業などをした場合、その時間数も把握しなければなりません。こうした情報を勤怠集計表にて整理していきます（表30）。

　第2ステップは、給与計算です。勤怠集計表の数値に基づいて、総支給額を計算していきます。日給制なら日給単価×日数、時給なら時給単価×労働時間数です。月給制は支給額から遅刻、早退、欠勤などがあれば控除することになりますが、控除方法は就業規則等で定めておくことになります（表28）。

　続いて給与控除額の計算をしていくことになります。詳細は次項以降に説明いたします。

　総支給額から控除額を引いた差引支給額が、いわゆる手取り賃金額ということになります。

表28　欠勤控除の就業規則規定例

第○条　遅刻、早退、欠勤の場合、下記の計算方法にて翌月賃金より欠勤控除を行なう。

＜欠勤10日以内の場合＞

$$賃金総額 － 基本給 \times \frac{欠勤日数}{月平均稼働日}$$

＜欠勤11日以上の場合＞

$$基本給 \times \frac{稼働日数－欠勤日数}{月平均稼働日} ＋ 家族手当$$

＜遅刻・早退の時＞

$$賃金総額 － 基本給 \times \frac{月間遅刻・早退時間}{月平均稼働時間}$$

　第3ステップは、給与明細表の作成および配布です。通常、給与明細は、上段が勤怠情報および総支給額、中段が控除一覧および総控除額、そして下段に差引支給額が記載されます。（表29）多くの従業員は差引支給額のみに注目をし、それ以外のところはあまりよく見ていないでしょう。

　しかしながら差引支給額は、上段および中段の計算結果に過ぎないものであり、従って総支給額の計算プロセスや控除額の計算プロセスが重要であることはいうまでもなく、作成上、細心の注意をはらわなければなりません。

　最終ステップは差引支給額を各人の指定口座に振り込んでいく作業です。これについては既述の通り、その全額が給与支払日に引き出すことができる状態にしておくことが求められます。

給与計算は合っていて当たり前、もし内容が間違っていたら従業員の不信感を募らせることとなります。従業員は、ここはシビアです。
　現在ではアウトソーシングをする会社も多いと思いますが、もし内部で対応するということであれば、実際に給与計算する担当者以外にも必ずひと通り目を通す者を設けるなど、**ダブルチェックの仕組みを取り入れ、間違いを発生させない体制**を整えておかねばなりません。
　また、万が一ミスを犯してしまったら、迷惑をかけた対象の従業員には誠意を持って謝罪をするということも肝に銘じておくべきでしょう。

表29　給与明細表のサンプル

平成24年4月　給与明細						所属	開発部	氏名	山田　太郎
【勤怠情報】									
出勤日数	20	有給日数	0	欠勤日数	0	遅刻早退時間	0	社員番号	
出勤時間	160	早出残業時間	12	休日出勤時間	0	深夜残業時間	4	123	
【支給明細】									
基本給		役職手当		家族手当		時間外手当		休日出勤手当	
250,000		50,000		20,000		28,125		0	
深夜残業手当		非課税通勤費		早遅控除		欠勤控除		総支給額	
11,250		10,000		0		0		369,375	
【控除明細】									
雇用保険料		健康保険料		介護保険料		厚生年金保険料		課税対象額	
2,216		15,168		0		25,693		359,375	
所得税		住民税		財形年金		労働組合費		総控除額	
9,450		12,300		0		1,500		66,327	

総支給額	総控除額	差引支給額	銀行振込額
369,375	66,327	303,048	303,048

表30　勤怠集計表のサンプル

正社員（時間管理者用）　　　　　　　　　　　　　　　H24/4/1
平成24年4月　　　　　　　　　　　　　　　　　所属長承認印
勤 怠 集 計 表　　　　　　　　　　　　　　　　　　㊞

氏名　山田　太郎　㊞

日付	曜日	実労働時間 ①始業	実労働時間 ②終業	③休暇区分	遅刻・早退時間		早出残業時間		⑪各項目発生事由	所属長承認印
1	金	9:00	20:00				残業	2.00	資料作成のため	㊞
2	土									
3	日									
4	月			有休						
5	火	9:00	18:00							
6	水	9:00	19:00				残業	1.00	資料作成のため	㊞
7	木	9:00	18:00							
8	金	9:00	18:00							
9	土									
10	休									
11	月	10:00	18:00		遅刻	1.00			電車遅延のため	㊞
12	火	9:00	18:00							
13	水	9:00	18:00							
14	木	9:00	18:00							
15	金	9:00	18:00							
16	土									
17	日									
18	月	9:00	18:00							
19	火	9:00	18:00							
20	水	9:00	18:00							
21	木	9:00	18:00							
22	金	8:00	18:00				早出	1.00	イベント準備のため	㊞
23	土									
24	日									
25	月	9:00	17:00		早退	1.00			私傷病による通院のため	㊞
26	火	9:00	18:00							
27	水	9:00	18:00							
28	木	9:00	18:00							
29	金	9:00	18:00							
30	土									
出勤日数	20日	合計		有休1日		2.00		4.00		

4章　給与

24 控除欄（社会保険）

しっかり理解して間違えない！　給与計算方法②

健康保険・厚生年金保険料と雇用保険料では控除ルールが異なる

　給与計算における控除欄は、3つに分類されます。ひとつは社会保険控除、ひとつは税控除、そして既述した労働基準法の24条協定控除です。24条協定控除は各会社の事情に応じて対応すべきことですので、ここでは省略いたします。税控除は次項で解説しますので、この項では社会保険の控除について取り上げていきます。

　控除すべき社会保険料は、健康保険料、介護保険料、厚生年金保険料、雇用保険料です。厚生年金基金に加入している会社はその保険料も入るわけですが、本書の読者対象とする小規模な会社の場合には大半が厚生年金基金には加入していないことを想定してここでは省略します。

●健康保険料（介護保険料）および厚生年金保険料の算定

　健康保険料と厚生年金保険料ですが、これらは保険料計算の仕組みが同一ですので、合わせて説明をしていきます。健康保険料と厚生年金保険料は、毎月変動するのではなく、一度決めたら一定期間は毎月同一額を控除していくことになります。

　健康保険料と厚生年金保険料は標準報酬月額というものが算定基礎となり、これに保険料率を掛け合わせて計算をすることになります。この標準報酬月額は、1年に1回、9月に定時決定という形で決めていくことになります。その詳細については5章で述べていきます。それ以外にも資格取得時と育児休業等終了時にも標準報酬月

額決定の機会があります。

　また、大幅に給与額の変動があった場合などには、随時改定により、途中で標準報酬月額を変更させる場合もあります。随時改定についても5章で詳述します。

　健康保険料および厚生年金保険料は、ともにこの標準報酬月額を算定基礎として計算することになります。保険料は労使折半で負担することになります。保険料率は、健康保険、厚生年金保険各々で決められています（表32）。

　協会健保であれば3月（給与控除は4月）に、厚生年金保険料は9月（給与控除は10月）にそれぞれ料率改定がされ、その後1年間は同じ保険料率となります。
　例えば、標準報酬月額が200,000円として、平成23年度のもので見ていくと、厚生年金保険料は200,000円×16.412％＝32,824円（労使折半額は16,412円）、健康保険料（協会健保東京都の場合）は、200,000円×9.48％＝18,960円（労使折半額は9,480円）ということになります。
　ちなみに厚生年金保険料率は、最終的には平成29年度に18.3％となり、それまで毎年0.354％ずつ上げられていくことがすでに決まっています（表34）。

　社会保険関係ではそのほか介護保険があります。これは40歳以上65歳未満の従業員のみが控除対象となります。これについても労使折半であり、計算方法は健康保険料とまったく同一になります。標準報酬月額が200,000円であれば、介護保険料は200,000円×1.51％＝3,020円（労使折半額は1,510円）です（平成23年度）。
　また、これらに加えて児童手当拠出金というものが会社に対して

のみ課せられ、他の社会保険料とともに徴収されることになります（平成22年度拠出金率は標準報酬月額の0.13％）。

　このように見ていくと、健康保険料、厚生年金保険料ともに、標準報酬月額と保険料率という２つの要因で成り立っていることになります。健康保険料（協会健保）については、３月に健康保険料率改定、そして９月に標準報酬月額の改定と年２回保険料が変更される可能性があります。一方、厚生年金保険料は、保険料率の改定と標準報酬月額の改定が、同時期の９月なので、保険料が変更されるのは９月の１回のみです。
　健康保険料、介護保険料、厚生年金保険料については、従業員の給料から控除したものと会社負担分を合わせて、年金事務所宛てに前月分を毎月末日までに納付します。

●雇用保険料の算定

　健康保険料や厚生年金保険料と違い、雇用保険料は、毎月の賃金総額を算定基礎として計算します。従って、毎月、賃金支払額が変動すれば保険料も変動することになります。
　ここであえて賃金という表現を使いました。健康保険料や厚生年金保険料のときには報酬という表現をしていましたが、雇用保険を

表31　雇用保険料の算定基礎となる賃金定義

賃金に該当するもの	賃金に該当しないもの
基準給、役職手当、管理職手当、家族手当、住宅手当、通勤手当、通勤定期券、時間外手当、賞与、臨時賃金、社会保険料労働者負担分を会社が負担した額、現物給与、休業手当	退職金、災害見舞金、結婚祝金、解雇予告手当、休業補償、傷病手当金、財形貯蓄奨励金（福利厚生）、チップ、出張手当など実費弁償的なもの

含めた労働保険では賃金という概念になります。賃金総額に雇用保険料率をかけて保険料を算出します。雇用保険料率は、単純な労使折半ではありません。会社側が雇用保険二事業といわれるものの費用負担をするために割合が多くなっています（表32）。

雇用保険料の納付は年に１回の年度更新時に行なわれることになります（５章参照）。

表32　平成23年度社会保険・雇用保険料率（額）

		事業主	労働者	合　計	改定時期
厚生年金保険料率		8.206%	8.206%	16.412%	9月分（10月納付）
協会健保料率（東京の場合）		4.74%	4.74%	9.48%	3月分（4月納付）
介護保険料率		0.755%	0.755%	1.51%	3月分（4月納付）
雇用保険料率	一般	0.95%	0.6%	1.55%	4月分
	農林水産	1.05%	0.7%	1.75%	〃
	建設	1.15%	0.7%	1.85%	〃

表33　端数処理

雇用保険料（給与控除）	50銭以下切り捨て、50銭1厘以上切り上げ
雇用保険料（現金払）	50銭未満切り捨て、50銭以上切り上げ
健保・厚年保険料被保険者分（給与控除）	50銭以下切り捨て、50銭1厘以上切り上げ
健保・厚年保険料被保険者分（現金払）	50銭未満切り捨て、50銭以上切り上げ

表34　厚生年金保険料率

期　間	一般保険料率
平成22年9月～平成23年8月	16.058%
平成23年9月～平成24年8月	16.412%
平成24年9月～平成25年8月	16.766%
平成25年9月～平成26年8月	17.120%
平成26年9月～平成27年8月	17.474%
平成27年9月～平成28年8月	17.828%
平成28年9月～平成29年8月	18.182%
平成29年9月～	18.300%

※被保険者負担はこの半分の料率

25 しっかり理解して間違えない！ 給与計算方法③
控除欄（税金）
源泉所得税と住民税の控除のしくみ

●源泉所得税の控除

　控除すべき税金には、源泉所得税と住民税があります。
　源泉所得税の算定手順ですが、まず課税対象額を算出します。課税対象額は、賃金の支給総額から通勤手当などの非課税給与額を差し引いたものです。この課税対象額からさらに社会保険料等を控除した額およびその従業員の扶養親族数の2要因を源泉徴収税額表に当てはめて源泉所得税を算出することになります（表35）。
　源泉徴収をした所得税については一旦会社で預かり、給与支払月の翌月10日までに管轄税務署に納付します。

●住民税の控除

　住民税の徴収方法には、普通徴収（従業員が金融機関等を利用して直接納付する方法）と特別徴収という2通りがありますが、通常会社で毎月の給与から控除して、従業員に代わって会社が納付する方法は、特別徴収と言われるものです。住民税は1月1日現在の住居地の市区町村および都道府県に対して1年間納めることとなります。1月に給与支払報告書を各自治体に送付すると、5月頃に「特別徴収税額通知書」が会社に送られてきます。それに基づいて、毎月一定額を控除していきます。控除した住民税は一旦会社で預かり、給与支払月の翌月10日までに当該市区町村に納付をします。

表35 給与所得の源泉徴収税額表(月額表…所得税法別表第二)

その月の社会保険料等控除後の給与等の金額		甲								乙
		扶養親族等の数								
		0 人	1 人	2 人	3 人	4 人	5 人	6 人	7 人	
以上	未満	税 額								税 額
円	円	円	円	円	円	円	円	円	円	円
167,000	169,000	3,550	1,960	380	0	0	0	0	0	11,200
169,000	171,000	3,620	2,030	450	0	0	0	0	0	11,500
171,000	173,000	3,690	2,100	520	0	0	0	0	0	11,800
173,000	175,000	3,760	2,170	590	0	0	0	0	0	12,100
175,000	177,000	3,830	2,240	660	0	0	0	0	0	12,400
177,000	179,000	3,900	2,310	730	0	0	0	0	0	12,900
179,000	181,000	3,970	2,380	800	0	0	0	0	0	13,600
181,000	183,000	4,040	2,450	870	0	0	0	0	0	14,300
183,000	185,000	4,110	2,520	940	0	0	0	0	0	15,000
185,000	187,000	4,180	2,590	1,010	0	0	0	0	0	15,700
187,000	189,000	4,250	2,660	1,080	0	0	0	0	0	16,400
189,000	191,000	4,320	2,730	1,150	0	0	0	0	0	17,100
191,000	193,000	4,390	2,800	1,220	0	0	0	0	0	17,700
193,000	195,000	4,460	2,870	1,290	0	0	0	0	0	18,400
195,000	197,000	4,530	2,940	1,360	0	0	0	0	0	19,100
197,000	199,000	4,600	3,010	1,430	0	0	0	0	0	19,800
199,000	201,000	4,670	3,080	1,500	0	0	0	0	0	20,500
201,000	203,000	4,740	3,150	1,570	0	0	0	0	0	21,100
203,000	205,000	4,810	3,220	1,640	0	0	0	0	0	21,700
926,000	929,000	109,790	102,510	95,230	87,940	80,660	74,210	67,930	61,660	327,100
929,000	932,000	110,450	103,160	95,880	88,600	81,310	74,840	68,500	62,170	328,600
932,000	935,000	111,100	103,820	96,540	89,250	81,970	75,410	69,070	62,740	330,000
935,000	938,000	111,760	104,480	97,190	89,910	82,620	75,980	69,640	63,310	331,400
938,000	941,000	112,410	105,130	97,850	90,560	83,280	76,550	70,210	63,880	332,900
941,000	944,000	113,070	105,790	98,500	91,220	83,940	77,120	70,780	64,450	334,300
944,000	947,000	113,720	106,440	99,160	91,870	84,590	77,690	71,350	65,020	335,800
947,000	950,000	114,380	107,100	99,810	92,530	85,250	78,260	71,920	65,590	337,200
950,000	953,000	115,040	107,750	100,470	93,190	85,900	78,830	72,490	66,160	338,600
953,000	956,000	115,690	108,410	101,120	93,840	86,560	79,400	73,060	66,730	340,100
956,000	959,000	116,350	109,060	101,780	94,500	87,210	79,970	73,630	67,300	341,500
959,000	962,000	117,000	109,720	102,440	95,150	87,870	80,590	74,200	67,870	342,900
962,000	965,000	117,660	110,370	103,090	95,810	88,520	81,240	74,770	68,440	344,400
965,000	968,000	118,310	111,030	103,750	96,460	89,180	81,900	75,340	69,010	345,800
968,000	971,000	118,970	111,690	104,400	97,120	89,840	82,550	75,910	69,580	347,300
971,000	974,000	119,680	112,340	105,060	97,770	90,490	83,210	76,480	70,150	348,700
974,000	977,000	120,620	113,000	105,710	98,430	91,150	83,860	77,050	70,720	350,100
977,000	980,000	121,560	113,650	106,370	99,090	91,800	84,520	77,620	71,290	351,600
980,000	983,000	122,500	114,310	107,020	99,740	92,460	85,170	78,190	71,860	353,000
983,000	986,000	123,440	114,960	107,680	100,400	93,110	85,830	78,760	72,430	354,500
986,000	989,000	124,380	115,620	108,340	101,050	93,770	86,480	79,330	73,000	355,900
989,000	992,000	125,320	116,270	108,990	101,710	94,420	87,140	79,900	73,570	357,300
992,000	995,000	126,260	116,930	109,650	102,360	95,080	87,800	80,510	74,140	358,800
995,000	998,000	127,200	117,590	110,300	103,020	95,730	88,450	81,170	74,710	360,200
998,000	1,001,000	128,140	118,240	110,960	103,670	96,390	89,110	81,820	75,280	361,700
1,001,000	1,004,000	129,080	118,900	111,610	104,330	97,050	89,760	82,480	75,850	363,100
1,004,000	1,007,000	130,020	119,570	112,270	104,980	97,700	90,420	83,130	76,420	364,500
1,007,000	1,010,000	130,960	120,510	112,920	105,640	98,360	91,070	83,790	76,990	366,000
1,010,000円		131,430	120,980	113,250	105,970	98,680	91,400	84,120	77,270	367,400

4 章 給 与

26 社員のやる気を引き出す賞与の出し方

月例給与と賞与のバランスの取り方がポイント

●賞与支給に関する考え方

　賞与に関しては、さまざまな考え方があると思われます。賞与支給分の原資を月例給与に回して、従業員に日々の安定を与えていくという考え方もあれば、逆に月例給与の分を賞与に回して、メリハリの利いたものにしていくという考え方もあるでしょう。ただ、どちらにしても極端にするのはいかがなものかと思われます。

　たしかに、賞与は支給せず月例給与のみで賃金を構成している会社も多々あります。賞与は、法律上は特に支給する義務は求められていません。もし支給すると決めた場合についてのみ就業規則等に記載すべき旨が労働基準法で規定されているだけです。従って、「わが社では賞与は一切支給しない」と決めて就業規則にも一切触れなければ、賃金の支払は月例給与のみとすることは一向に差し支えありません。

　しかし、わが国の古くからの慣習として賞与の支給が常識となっている中で、賞与を一切支給しないというのは、従業員にとってあまりよいイメージには映らないでしょう。
　一方で、賞与の割合を高め、月例給与を極端に圧縮していくことで、月例給与額が月々の生活を著しく不安定なものにしてしまうというのも、考えものです。従業員が日々の生活に不安感を覚えれば、

仕事に集中することはできなくなります。

やはり、月例給与と賞与のバランスのとれたウエイト付けが望ましいのではないでしょうか。もちろん、支給すべき原資があることが前提です。賞与額の支給方法については、中小企業では、生活は月例給与で対応し、賞与は業績に応じて支給するということを原則論としていきましょう。

●賞与支給決定方法の例

以上を踏まえて、賞与支給額の決定方法の事例を、ひとつご紹介します。

月例基準給与額連動方式にて支給額を算出する場合、賞与支給額を決定する係数（月例基準給与額に乗じる係数）は、個人ごとの成績評価に応じて0.2から1.0の展開幅で設定していきます。具体的には、S～Dの5段階評価と仮定してS＝1.0、A＝0.8、B＝0.6、C＝0.4、D＝0.2とします。一番評価の悪いDでも0.2つまり月例基準給与額の2割は支給されるということは、実質的にこの2割部分が、業績賞与における最低保障額ということになります。

これはどんなに評価が悪くても多少は賞与が出ると思わせるためのものです。そして実質残りの8割部分は人によって支給されたりされなかったりするので、インセンティブを持たせることが可能となります。

ただし、こうした大きな展開幅を持たせるには評価制度の充実が不可欠となりますので、その点ご留意ください。

27 評価制度のあり方

中小企業が活用しやすい評価制度の仕組みを考える

　賃金制度や賞与制度と密接に関わってくるのが、評価制度です。賃金制度で言えば、昇給、そして賞与制度で言えば支給額をどうするかを決める尺度になるのが評価ということになります。評価制度がしっかりとしていなければ、賃金制度や賞与制度自体が信認されないことになるでしょう。
　評価制度についても、詳述するとそれだけで1冊の本になってしまいますので、ここでは、その概要と、中小企業として活用できるポイントに絞って解説します。

●評価の種類

　一般的に評価には、「情意評価」「能力評価」「業績評価」の3つがあると言われています。情意評価は、やる気や勤務態度、責任感、問題意識の有無など、本人の意欲面について見ていきます。一方、能力評価については、本人の潜在能力・ポテンシャルを測っていくものであり、また業績評価は、顕在化されたパフォーマンスの状態を捉えて評価をしていくものです。若手は情意評価や能力評価のウエイトを高め、逆にベテランほど業績評価に重きを置くというのが一般論としての定石です。

●評価の方法

次に、評価方法について説明します。評価方法には、一般的によく使うところとして、**図式尺度法、段階択一法、目標管理方式（マネジメント・バイ・オブジェクティブ）、数値のデジタル反映方式**などがあります。

図式尺度法は、評定要素ごとに尺度としての評語をひとつ選択し、評価をする方法です。例えば、表36で言えば、責任感という評定要素があった場合には、「困難に直面した場合に、最後まであきらめずに担当職務を達成しようと努力したか」という着眼点を踏まえた上で、SからDの5段階の評語からひとつを選んでいきます。尺度法のメリットは、その簡便さにあります。要素ごとに着眼点を見た上で、評語欄に○をつければそれで完了となります。ただ、直観

表36 図式尺度法

要素	着眼点	評語
責任感	困難に直面した場合に、最後まであきらめずに担当職務を達成しようと努力したか	S－A－Ⓑ－C－D

表37 段階択一法

要素	基準	チェック
責任感	S 極めて困難な状況に遭遇しても自分が担当している職務にベストを尽くし、責任回避の言動など一切なかった	
	A ある程度困難な状況に遭遇しても自分が担当している職務を遂行していこうと努力をしていき、責任回避の言動はなかった	
	B 自分が担当した職務については、概ね遂行できた	○
	C 自分が担当した職務を遂行する際に、困難に直面すると、やや責任を回避する言動が見られた	
	D 自分が担当した職務を放り出し、責任回避する言動を繰り返した	

的に処理をするところが出てきやすく、バイアスがかかりやすいという課題もあります。

　段階択一法は、能力の高さを段階的にとらえる短文をつくり、該当するであろう基準にチェックする方法です。表37にあるように例えばSからDまでの5種類の基準を表す短文から、対象者の責任感について一番近い表現となっているものを選んで、チェック欄に○を付けていきます。

　この方法は、評価者にとっては、図式尺度法と同様に取り扱いは簡便です。また、図式尺度法に比べて、基準のイメージが具体化されますので、バイアスはかかりづらくなります。

表38　目標管理方式における目標管理シート

平成23年度上半期用目標管理シート(一般職用)

開発部　　　　　氏名　山田　太郎

【仕事の個人別目標】

目標(何をするか)	プロセス(どのようにして、いつまで)	期限	実績	評価ウエイト	自己評価	上司評価
・既存システムの安定稼働対応 ・新システムの開発準備	・バージョンアップ、代替機交換、メンテナンスツールの充実・改良・システム開発の終了を意識した機能拡張開発計画の検討	6月上旬	検討事項の中で一部未着手なところもあるが、概ね予定通りに取り組めた	40%	3	
・リソース管理ドキュメントの作成	・アプリケーションのシリアル管理 ・バージョン毎の変更履歴 ・コンパイル環境の統一	8月中旬	作業についてはほぼ順調に取り組みが進んだ	60%	4	
				100%	3.6	

上司(一次考課者)コメント	二次考課者コメント	総合評価	
		自己評価	上司評価

評定基準：
5⇒目標・期待を大幅に上回った　4⇒目標・期待をやや上回った
3⇒目標通りの成果を上げた　2⇒目標・期待をやや下回った
1⇒目標・期待を大幅に下回った

一次考課者（上司）

目標管理方式（マネジメント・バイ・オブジェクティブ）は、半年あるいは1年という期間を定めて被評価者に目標設定をさせ、期末にその目標に対して実績はどうだったかを評価者が確認していくものです。この方法は、ピーター・ドラッカーが開発したもので、現在、わが国でも多くの企業で使われています。活用ポイントとしては、①期末、期初には面談を実施する、②評価者と被評価者との間でよくすり合わせをした上で目標設定をする、③評価者は目標と実績を踏まえて評価をした内容について被評価者にフィードバックをする、といったことがあげられます。目標管理方式は、本人（被評価者）の目標と組織の目標を合致させていき、やる気を高めていくということが大きな狙いとなります。しかし、その運用に際してはやや手間がかかるというのが難点と言えるでしょう。

数値のデジタル反映方式は、何段階かに分けた評価の評語に業績数値を直接結びつけるものです。表39の場合、例えば売上高達成率100％であれば、95％以上105％未満の範囲となり、B評価ということになります。この方法は、完全に客観性が担保されるという点が長所です。

表39　数値のデジタル反映方式

業績	評語	業績	評語
売上高達成率120％以上	S	売上高達成率80％以上95％未満	C
売上高達成率105％以上120％未満	A	売上高達成率80％未満	D
売上高達成率95％以上105％未満	B		

●中小企業の評価制度

以上、評価の種類と方法について、いくつかご紹介しましたが、

中小企業ではそのすべてを使おうと考える必要はありません。従業員規模の小さな会社で使い勝手のよい評価制度は以下の通りです。

まず、情意評価と能力評価についてですが、もし設定が面倒と思わなければ、段階択一法を活用するのが妥当であると思います。ただ設定が大変そうであるということであれば図式尺度法でも構いません。ちなみに考課要素は情意評価と能力評価をあえて区分する必要もなく、混在させて一表で取り扱っていくのでかまわないと思います。

次に業績評価をどう取り扱うかですが、これを目標管理方式とするのは、経営者ご自身がこれを用いたいと強く希望しない場合には、あまりおすすめできません。この方式は、目標面談をやらなければ機能しないのですが、これをしっかりと実施することはかなりハードルが高いと言わざるを得ません。経営者自らが口酸っぱく号令をかけていく必要があります。そこにエネルギーを割きたいと思わなければ、敬遠したほうが無難です。

業績評価では、数値のデジタル反映方式を基本とすることで問題ありません。数値のデジタル反映方式であればバイアス、主観は入り込みませんので、公平感をキープできますし、手間がかかりません。

以上、「情意評価・能力評価⇒段階択一法」「業績評価⇒数値のデジタル反映方式」という線で制度設計をしていくと、運用はシンプルですが、それなりに納得の得やすいものになります。

●評価に関する注意点

評価は人が行なうものであり、完璧な評価制度というのはこの世に存在しないということを認識しておくべきです。その上で、7〜

8割の納得性をいかに得るように運用していくかが重要です。

評価は心理学的に見ていっても、さまざまな誤差が生まれる可能性があります（表40）。どんなに優秀な評価者だとしても、これらの誤差が生じるということをしっかりと認識し、できるだけこうした誤差が出ないように各評価者が肝に銘じて評価を実施していくことがとても大切です。

表40　さまざまな評価誤差

評価誤差	どのような誤差か
ハロー効果	後光効果。他者のひとつの次元についての評定が他の次元についての評定に影響すること。他者に顕著な好ましい（あるいは好ましくない）特徴があると、その人の他のすべての特徴を不当に高く（あるいは低く）評定しまう傾向
中心化傾向	極端な評価を下すことを避け、評価を尺度の中心付近に集中させてしまうこと。この傾向は、評価者に自信がなく、評価のミスを恐れるときに生じやすい
寛大化傾向	望ましい特性については、実際以上によく評価し、望ましくない特性は、それほど厳しくなく寛大に評価する傾向
厳格化傾向	寛大化傾向の逆で、評価が一般に辛くなる傾向
自己類似性効果	評価者が何らかの面で自分と似ている部下を高く評価すること。例えば出身校が同じ、同郷といった類似点で、ひいきをするなど
論理的誤差	ある評価要素があれば、他の評価要素もあるに違いないと判断をしてしまうこと。例えば攻撃的な人だからエネルギッシュに違いないなど
対比誤差	評価者の専門的事項については基準が高く、非専門的な事項については低くなる傾向
逆算的傾向	結果としての処遇、既存の社内秩序を念頭に置き、総合結果から逆算的に評価を行なうこと
ステレオタイプ	あるカテゴリー集団について抱かれている固定化されたイメージで判断すること。例えば「女性だから感情的」と決めつけるなど

4　章

給与

5章
労働保険・社会

- 28 知っておきたい社会保険の概要
- 29 損をしない！ 社会保険定時決定と随時改定
- 30 ミスをしない！ さまざまな社会保険、労働保険手続き
- 31 労災保険を有効に利用しよう
- 32 雇用保険を有効に利用しよう
- 33 理解すれば簡単！ 労働保険料年度更新
- 34 はじめて人を雇うときの社会保険・労働保険手続き

保険管理

5

28 知っておきたい社会保険の概要

経営者として基本的なことは覚えておこう

　その前に、ここでは、そもそも社会保険とはどのようなものなのかについてお伝えします。

　一般的定義で見ますと、社会保険とは、疾病、障害、老齢、死亡など何らかの保険事故が起こったとき、被保険者あるいはその被扶養者、遺族に対して現金または現物給付を行なうことで、その生活の安定に資することを目的とした公的保険です。

　社会保険という言葉は、狭義では、厚生年金保険、健康保険、介護保険などを指すのに対して、広義では、労働保険をも含めて使われます。従って広義で見た場合の社会保険の保険事故には失業や業務災害も入ることになります。

●労働保険には労災保険と雇用保険がある

　労働保険には労災保険と雇用保険があります。

　労働者災害補償保険（労災保険）は、労働者が業務をしている最中（あるいは通勤途上）に業務あるいは通勤が原因で怪我をしたり疾病となった場合に、療養に関する費用を補償したり、それにより会社を欠勤しなければならなくなったときの休業補償をしたり、その傷病が元で障害が出た場合に障害補償をしたり、さらにそれが原因で労働者が亡くなった場合、遺族に対して補償するなど、使用者になり代わって国が補償をして労働者の生活を守る制度です。

労災保険はアルバイトを1名雇った段階から掛けていく必要があります。

雇用保険は、労働者が失業した場合に、一定期間の生活を保障することが主たる目的として設けられています。雇用保険では、そのほかに再就職を促進するため給付をしたり、職業能力の開発事業を実施したりもしています。また、定年後の継続雇用や、育児・介護休業をしたことが理由で賃金が低下、あるいは支払われない場合に、雇用継続を図るための補てん的給付も雇用保険の事業の一環として行なわれています。

なお雇用保険が適用される労働者は、「1週間の所定労働時間が20時間以上で、かつ、31日以上引き続き雇用される見込みのある者」ですので、短時間勤務者の一部の方は適用対象となりません。また、労災保険もそうですが、雇用保険の対象はあくまで労働者ですので、取締役などの経営者は対象にはなりません（ただし、部長兼務の役員などは一定の要件の下、加入することができます）。

●狭義の社会保険

次に狭義の社会保険には、既述の通り、健康保険、介護保険、厚生年金保険などがあります。

健康保険は、業務外での傷病が生じたときに、その療養に対して発生する費用を補てんしていくものであり、簡単に言えば、公的機関が扱う医療保険ということになります。業務外傷病が原因で会社を欠勤しなければならなくなったときの賃金補てんも健康保険で対応します。

民間企業に勤めている労働者に対しては、健康保険組合に加入し

ている会社は、組合が事務を管轄し、そうでない会社では、全国健康保険協会が適用から給付までを管轄しています。
　一方、自営業者が加入するのは「国民健康保険」というもので、法律的にも別枠で規定されています。

　介護保険は、主に高齢者の介護サービス提供を給付内容とする公的保険です。
　高齢化社会に突入して久しいわが国にとって、高齢者介護は大きな課題であり、世の中全体でこれを支えようという趣旨で平成12年から導入されたものです。

　厚生年金保険は、労働者が老齢、障害、死亡といった保険事故により所得を喪失してしまったときに、本人あるいは家族の生活の安定を図ることを目的として年金として給付が行なわれるものです。
　厚生年金保険には大きくは「老齢厚生年金」「障害厚生年金」「遺族厚生年金」という3つの給付制度があります。これらの制度は、国民年金法で規定されている「老齢基礎年金」「障害基礎年金」「遺族基礎年金」との2階建て構造となっています。
　ただし、老齢年金については、支給開始年齢が老齢基礎年金で65歳のところ、老齢厚生年金では従来60歳からであったことから、それを同じにしようと現在、老齢厚生年金の受給開始年齢を65歳に段階的に修正していく過程にあり、これが最終的に揃うのは2025年のことです。このことが、年金をとても複雑でわかりづらいものにしています。

　狭義の社会保険では、加入対象者の適用基準は、労働保険よりも狭いことになります。具体的には短時間労働者で加入義務が発生するのは、1日または1週間の所定労働時間および1ヶ月の労働日数

がともに通常勤務者（いわゆる正社員）の概ね4分の3以上の者に限られ、それに満たない者には適用されません。ただし、労働保険と異なり、経営者は加入対象となります。

日本の社会保険は、勤め先の会社に多くの手続き事務を負担させる仕組みとなっています。従って、労務の仕事には社会保険手続き実務がかなりのウエイトで入ってくることとなりますので、手続き実務の詳細は担当者や顧問社会保険労務士に任せておくとしても、この項にあるような概要については経営者としても知っておくべきです。

●個人事業主の社会保険

自営業者など個人事業主本人の場合には、健康保険や厚生年金保険に加入することはできません（ただし、個人事業主が雇った労働者については農業など一部の業種を除いてその人数が5名以上いる場合、社会保険には強制加入となります）。個人事業主は年金制度に関しては第1号被保険者となりますので、国民年金へは強制加入です。また医療保険としては地方自治体が管掌する国民健康保険（国保）に加入することになります。

表41　広義の社会保険の分類

労働保険	労災保険	業務（通勤途上）災害による療養、休業、障害、死亡に対しての補償を行なう公的保険
	雇用保険	失業したときの生活保障を主たる目的とした公的保険。再就職促進や職業能力開発なども事業として実施
社会保険	健康保険	業務外傷病による療養の費用補てんを主たる目的とした公的年金
	介護保険	主に高齢者の介護サービス提供を給付内容とする公的保険
	厚生年金保険	老齢、障害、死亡等の保険事故による所得喪失に対する生活安定のための給付を主目的とした公的年金

29 損をしない！社会保険 定時決定と随時改定

社会保険を少しでも節約する方法

　4章で説明した通り、社会保険料（健康保険、介護保険、厚生年金保険の保険料）は、標準報酬月額を算定基礎とします。これは**毎回の給与支払い毎には保険料を変動させずに事務効率を高めるための仕組み**です。標準報酬月額の決定方法は、下記表にもあるように、4通りあるのですが、日常的に関係するのは定時決定と随時改定です。

● 定時決定

　定時決定の方法は次の通りです。
　毎年、4月、5月、6月の3ヶ月間に支給される報酬月額（報

表42　標準報酬月額の決定方法

資格取得時決定	新入社員が社会保険の資格を取得したタイミングで行う標準報酬月額の決定方法。月給制の場合には、月給額として定めた額を報酬月額として決定していく
定時決定	4、5、6月の3ヶ月間の報酬月額の平均額を基として、標準報酬月額を決定。通称で「算定（さんてい）」と言う
随時改定	報酬額が大幅に変動した場合に、随時に標準報酬月額の改定をしていくこと。通称で「月変（げっぺん）」と言う
育児休業終了時改定	育児休業等を終了した3歳未満の子を養育する被保険者が職場復帰して、短時間勤務のために以前より報酬が減ってしまった場合に、標準報酬月額の見直しをするもの

酬とは、基準給のほか家族手当、住宅手当、時間外手当、通勤手当、休業手当などを含みます。一方、退職手当、解雇予告手当、慶弔見舞金、傷病手当金、出張旅費などは報酬にはなりません）の平均額を計算して、これを標準報酬月額・保険料額表（表43）に当てはめていきます。例えば、報酬月額が177,000円だとすると、報酬月額が175,000円以上185,000円未満の範囲に当てはまりますので、標準報酬月額は180,000円となります。この場合、厚生年金保険では11等級、健康保険では15等級です。厚生年金保険と健康保険では、標準報酬月額の設定の幅が異なってきますので、等級も違ってくるわけです。

　標準報酬月額は、7月1日から10日の間にかけて、「健康保険・厚生年金保険被保険者報酬月額算定基礎届」というものを年金事務所あるいは健康保険組合に提出して、定時決定をしていくことで確定します。決定した標準報酬月額は9月（実際には10月の給与支払時）から使用されることとなります。標準報酬月額は一度決定されますと原則として翌年の8月（実際には翌年9月の給与支払時）までは同一額を使い続けることになります。これは会社での給与計算の作業軽減を図るためです。

●随時改定

　このように、原則として年1回の定時決定で標準報酬月額を決定し、保険料の計算上それを用いていくわけですが、給与額が大幅に変動したりしますと、標準報酬月額が実態と合わなくなる可能性があります。こうした場合に行なうのが随時改定です。随時改定の要件は次の3つとなります。

表43　社会保険の標準報酬月額・保険料額表

平成23年3月分(4月納付分)からの健康保険・厚生年金保険の保険料額表

- 健康保険料率：平成23年3月分〜 適用
- 介護保険料率：平成23年3月分〜 適用
- 厚生年金保険料率：平成22年9月分〜平成23年8月分 適用
- 児童手当拠出金率：平成19年4月分〜 適用

(東京都)　単位 円

標準報酬			報酬月額		全国健康保険協会管掌健康保険				厚生年金保険料(厚生年金基金加入員を除く)			
					介護保険第2号被保険者に該当しない場合		介護保険第2号被保険者に該当する場合		一般の被保険者等		坑内員・船員	
					9.48%		10.99%		16.058%※		16.696%※	
等級	月額	日額	円以上	円未満	全額	折半額	全額	折半額	全額	折半額	全額	折半額
1	58,000	1,930	〜	63,000	5,498.4	2,749.2	6,374.2	3,187.1				
2	68,000	2,270	63,000〜	73,000	6,446.4	3,223.2	7,473.2	3,736.6				
3	78,000	2,600	73,000〜	83,000	7,394.4	3,697.2	8,572.2	4,286.1				
4	88,000	2,930	83,000〜	93,000	8,342.4	4,171.2	9,671.2	4,835.6				
5(1)	98,000	3,270	93,000〜	101,000	9,290.4	4,645.2	10,770.2	5,385.1	15,736.84	7,868.42	16,362.08	8,181.04
6(2)	104,000	3,470	101,000〜	107,000	9,859.2	4,929.6	11,429.6	5,714.8	16,700.32	8,350.16	17,363.84	8,681.92
7(3)	110,000	3,670	107,000〜	114,000	10,428.0	5,214.0	12,089.0	6,044.5	17,663.80	8,831.90	18,365.60	9,182.80
8(4)	118,000	3,930	114,000〜	122,000	11,186.4	5,593.2	12,968.2	6,484.1	18,948.44	9,474.22	19,701.28	9,850.64
9(5)	126,000	4,200	122,000〜	130,000	11,944.8	5,972.4	13,847.4	6,923.7	20,233.08	10,116.54	21,036.96	10,518.48
10(6)	134,000	4,470	130,000〜	138,000	12,703.2	6,351.6	14,726.6	7,363.3	21,517.72	10,758.86	22,372.64	11,186.32
11(7)	142,000	4,730	138,000〜	146,000	13,461.6	6,730.8	15,605.8	7,802.9	22,802.36	11,401.18	23,708.32	11,854.16
12(8)	150,000	5,000	146,000〜	155,000	14,220.0	7,110.0	16,485.0	8,242.5	24,087.00	12,043.50	25,044.00	12,522.00
13(9)	160,000	5,330	155,000〜	165,000	15,168.0	7,584.0	17,584.0	8,792.0	25,692.80	12,846.40	26,713.60	13,356.80
14(10)	170,000	5,670	165,000〜	175,000	16,116.0	8,058.0	18,683.0	9,341.5	27,298.60	13,649.30	28,382.00	14,191.60
15(11)	180,000	6,000	175,000〜	185,000	17,064.0	8,532.0	19,782.0	9,891.0	28,904.40	14,452.20	30,052.80	15,026.40
16(12)	190,000	6,330	185,000〜	195,000	18,012.0	9,006.0	20,881.0	10,440.5	30,510.20	15,255.10	31,722.40	15,861.20
17(13)	200,000	6,670	195,000〜	210,000	18,960.0	9,480.0	21,980.0	10,990.0	32,116.00	16,058.00	33,392.00	16,696.00
18(14)	220,000	7,330	210,000〜	230,000	20,856.0	10,428.0	24,178.0	12,089.0	35,327.60	17,663.80	36,731.20	18,365.60
19(15)	240,000	8,000	230,000〜	250,000	22,752.0	11,376.0	26,376.0	13,188.0	38,539.20	19,269.60	40,070.40	20,035.20
20(16)	260,000	8,670	250,000〜	270,000	24,648.0	12,324.0	28,574.0	14,287.0	41,750.80	20,875.40	43,409.60	21,704.80
21(17)	280,000	9,330	270,000〜	290,000	26,544.0	13,272.0	30,772.0	15,386.0	44,962.40	22,481.20	46,748.80	23,374.40
22(18)	300,000	10,000	290,000〜	310,000	28,440.0	14,220.0	32,970.0	16,485.0	48,174.00	24,087.00	50,088.00	25,044.00
23(19)	320,000	10,670	310,000〜	330,000	30,336.0	15,168.0	35,168.0	17,584.0	51,385.60	25,692.80	53,427.20	26,713.60
24(20)	340,000	11,330	330,000〜	350,000	32,232.0	16,116.0	37,366.0	18,683.0	54,597.20	27,298.60	56,766.40	28,383.20
25(21)	360,000	12,000	350,000〜	370,000	34,128.0	17,064.0	39,564.0	19,782.0	57,808.80	28,904.40	60,105.60	30,052.80
26(22)	380,000	12,670	370,000〜	395,000	36,024.0	18,012.0	41,762.0	20,881.0	61,020.40	30,510.20	63,444.80	31,722.40
27(23)	410,000	13,670	395,000〜	425,000	38,868.0	19,434.0	45,059.0	22,529.5	65,837.80	32,918.90	68,453.60	34,226.80
28(24)	440,000	14,670	425,000〜	455,000	41,712.0	20,856.0	48,356.0	24,178.0	70,655.20	35,327.60	73,462.40	36,731.20
29(25)	470,000	15,670	455,000〜	485,000	44,556.0	22,278.0	51,653.0	25,826.5	75,472.60	37,736.30	78,471.20	39,235.60
30(26)	500,000	16,670	485,000〜	515,000	47,400.0	23,700.0	54,950.0	27,475.0	80,290.00	40,145.00	83,480.00	41,740.00
31(27)	530,000	17,670	515,000〜	545,000	50,244.0	25,122.0	58,247.0	29,123.5	85,107.40	42,553.70	88,488.80	44,244.40
32(28)	560,000	18,670	545,000〜	575,000	53,088.0	26,544.0	61,544.0	30,772.0	89,924.80	44,962.40	93,497.60	46,748.80
33(29)	590,000	19,670	575,000〜	605,000	55,932.0	27,966.0	64,841.0	32,420.5	94,742.20	47,371.10	98,506.40	49,253.20
34(30)	620,000	20,670	605,000〜	635,000	58,776.0	29,388.0	68,138.0	34,069.0	99,559.60	49,779.80	103,515.20	51,757.60
35	650,000	21,670	635,000〜	665,000	61,620.0	30,810.0	71,435.0	35,717.5				
36	680,000	22,670	665,000〜	695,000	64,464.0	32,232.0	74,732.0	37,366.0				
37	710,000	23,670	695,000〜	730,000	67,308.0	33,654.0	78,029.0	39,014.5				
38	750,000	25,000	730,000〜	770,000	71,100.0	35,550.0	82,425.0	41,212.5				
39	790,000	26,330	770,000〜	810,000	74,892.0	37,446.0	86,821.0	43,410.5				
40	830,000	27,670	810,000〜	855,000	78,684.0	39,342.0	91,217.0	45,608.5				
41	880,000	29,330	855,000〜	905,000	83,424.0	41,712.0	96,712.0	48,356.0				
42	930,000	31,000	905,000〜	955,000	88,164.0	44,082.0	102,207.0	51,103.5				
43	980,000	32,670	955,000〜	1,005,000	92,904.0	46,452.0	107,702.0	53,851.0				
44	1,030,000	34,330	1,005,000〜	1,055,000	97,644.0	48,822.0	113,197.0	56,598.5				
45	1,090,000	36,330	1,055,000〜	1,115,000	103,332.0	51,666.0	119,791.0	59,895.5				
46	1,150,000	38,330	1,115,000〜	1,175,000	109,020.0	54,510.0	126,385.0	63,192.5				
47	1,210,000	40,330	1,175,000〜		114,708.0	57,354.0	132,979.0	66,489.5				

※厚生年金基金に加入する方の厚生年金保険の保険料率は、基金ごとに定められている免除保険料率(2.4%〜5.0%)を控除した率となり、次の範囲内で基金ごとに定められています。

厚生年金基金に加入する
- 一般の被保険者の方 …11.058%〜13.658%
- 坑内員・船員の被保険者の方 …11.696%〜14.298%

加入する基金ごとに異なりますので、免除保険料率及び厚生年金基金の掛金については、加入されている厚生年金基金にお問い合わせください。

◆介護保険第2号被保険者は、40歳以上65歳未満の方であり、健康保険料率(9.48%)に介護保険料率(1.51%)が加わります。
◆等級欄の( )内の数字は、厚生年金保険の標準報酬月額等級です。
　5(1)等級の「報酬月額」欄は、厚生年金保険の場合「101,000円未満」と読み替えてください。
　34(30)等級の「報酬月額」欄は、厚生年金保険の場合「605,000円以上」と読み替えてください。
◆平成23年度における協会けんぽの任意継続被保険者の標準報酬月額は、280,000円です。

○被保険者負担分 (表の折半額の欄)に円未満の端数がある場合
　①事業主が、給与から被保険者負担分を控除する場合、被保険者負担分の端数が50銭以下の場合は切り捨て、50銭を超える場合は切り上げて1円となります。
　②被保険者が、被保険者負担分を事業主へ現金で支払う場合、被保険者負担分の端数が50銭未満の場合は切り捨て、50銭以上の場合は切り上げて1円となります。
　①、②にかかわらず、事業主と被保険者の間で特約がある場合には、特約に基づき端数処理をすることができます。
○納入告知書の保険料額について
　納入告知書の保険料額は、被保険者個々の保険料額を合算した金額になります。ただし、合算した金額に円未満の端数がある場合は、その端数を切り捨てた額となります。
○賞与に係る保険料について
　賞与に係る保険料額は、賞与額から1,000円未満の端数を切り捨てた額(標準賞与額)に、保険料率を乗じた額となります。
　また、標準賞与額の上限は、健康保険は年間540万円(毎年4月1日から翌年3月31日までの累計額)となり、厚生年金保険の場合は月間150万円となります。
○児童手当拠出金について
　厚生年金保険の被保険者を使用する事業主の方は、子ども手当の支払に要する費用の一部として児童手当拠出金を全額負担いただくことになります。この児童手当拠出金の額は、被保険者個々の厚生年金保険の標準報酬月額及び標準賞与額に、拠出金率(0.13%)を乗じて得た額の総額となります。

①昇降給などで給与の固定的部分に上下変動があったとき
　（基準給の昇降給のほか、家族数の変動に伴う家族手当額の変更、住居移転にともなう通勤手当の変更なども該当します）
②給与の固定的部分が変動した月以後、引き続き3ヶ月間に支払った報酬の平均月額による標準報酬月額について、変動前の標準報酬月額と比較して2等級以上の差が生じたとき
③引き続き3ヶ月のいずれの月も支払基礎日数が17日以上あるとき
　（支払基礎日数とは、報酬を計算する基礎となる日数のこと。月給制の場合、暦日数が支払基礎日数となるので、実際働いている日だけでなく休日も含みます。日給制の場合は、稼働日数が支払基礎日数になります）

　これら3つの要件がすべて揃ったときに随時改定が実施されます。随時改定になりますと、給与の固定的部分が変動した月以後4ヶ月目（給与支払い上は5ヶ月目）に新たな標準報酬月額に変更されることとなります。

表44　随時改定のイメージ

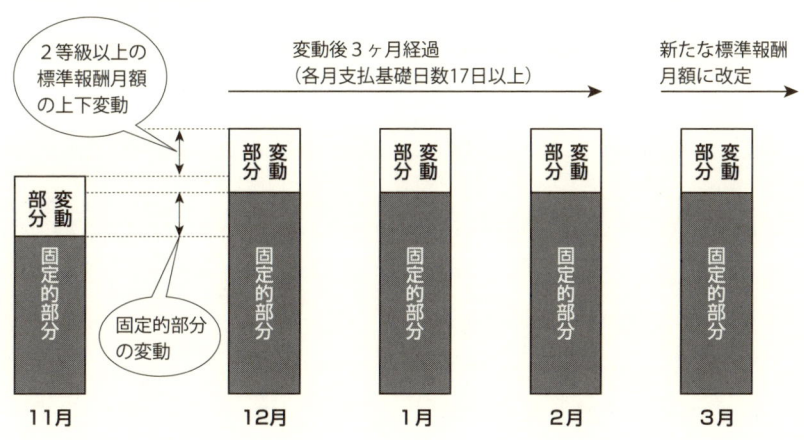

●賞与支払時には

　賞与は基本的に報酬にはカウントされませんので（ただし年4回以上支給される場合は賞与も報酬となります。この場合は年間賞与総額を12で除した額を標準報酬月額に算入します）、別途標準賞与額を決定して、これをベースにして保険料率を乗じて保険料を決定します。

　標準賞与額は、支給された賞与額から1,000円未満を切り捨てた額となります。

　例えば賞与額が324,500円であったとすれば、標準賞与額は324,000円ということになります。標準賞与額には上限が定められています。この上限額は健康保険の場合には1年間の総支給額が540万円、厚生年金保険の場合、1ヶ月間の支払額が150万円ということになっています。

　賞与支給がされたら、「被保険者賞与支払届」を、支給日から5日以内に年金事務所あるいは健康保険組合に提出します。保険料についてはこの標準賞与額に通常の給与のときと同率の保険料率をかけて算出し、支払月の翌月末日に通常の保険料とともに納付します。

●社会保険の仕組みを意識した給与額の有利な決め方

　以上ご説明した標準報酬月額や標準賞与額というものを意識して給与額を設定していきますと、社会保険料を節約することができます。その一例をご紹介しましょう。

　既述の通り、標準報酬月額は、報酬月額について一定の範囲は

同一額となっています。例えば報酬月額が175,000円以上185,000円未満の範囲であると標準報酬月額はすべて180,000円となります。従って、報酬月額が184,900円でも標準報酬月額は180,000円ですが、100円上げて185,000円となると、標準報酬月額は1等級上の190,000円になってしまいます。

　たった100円の違いで、標準報酬月額は1万円も上がってしまうのです。普通、給与額はきりのよい万円単位で設定することが多いかと思いますが、これをあえて100～200円下げて端数設定をすると、標準報酬月額は、ひとつ下の等級になります。多くの従業員の給与額について、このことを意識して設定していくと、かなりの額の保険料の節約になります（ただし、時間外手当が発生する会社では、報酬月額がコントロールできませんので、この節約法を使うのは難しいかもしれません）。

　もうひとつ、月例給与額と賞与額の設定のバランスの取り方からの節約法を見ていきましょう。

　標準賞与額は説明しました通り、上限額がありますので、厚生年金保険で言えば、仮に賞与額が200万円でも標準賞与額は150万円となります。

　例えば、月例給与額が30万円で賞与額が150万円を年2回支給している者がいるとして、年収は同一額でも、その支給バランスを変え、月例給与額を26万円とし、賞与額を1回につき174万円と設定することで、標準賞与額は150万円のままで、標準報酬月額を300,000円から260,000円に4万円も下げることができます。

　このように少しの工夫で社会保険料を節約できる可能性があります。従業員が多いほどそのコストダウン効果が出るので、試算してみることをおすすめします。

30 ミスをしない！ さまざまな社会保険、労働保険手続き

従業員の情報リストは日常からメンテナンスを怠らずに

●従業員に関する手続き

　従業員に関するさまざまな状況の変化に応じて、社会保険や労働保険に関する諸手続きが必要となります（表45）。

　これらの手続きでは、提出した情報が違ってしまうと、従業員にとって将来不都合の生ずる可能性があるので、間違うことは許されません。間違えが起きないようにするためには、手続き書類を作成する際、参照すべき従業員の情報整理が重要です。具体的には次の属性が揃った状態の従業員情報リストを日常からしっかりとメンテナンスしておきます。

> ・氏名（フリガナ）　　　　　　　　・性別
> ・生年月日　　　　　　　　　　　・郵便番号および住所
> ・電話番号　　　　　　　　　　　・雇用保険被保険者番号
> ・基礎年金番号　　　　　　　　　・健康保険整理番号
> ・労働保険及び社会保険資格取得年月日　・標準報酬月額
> ・配偶者氏名（フリガナ）、生年月日、基礎年金番号、収入状況
> ・被扶養者氏名（フリガナ）、生年月日、続柄、収入状況

　これらは労働者名簿における情報と重なることとなりますので、労働者名簿に足りない情報を追加して整理するのでもかまいません。

　中でも、氏名に使われている漢字については、特に注意をしまし

表45　従業員に関しての諸手続き

	手続き
結婚したとき	「健康保険被扶養者（異動）届」を年金事務所または健康保険組合に提出する。また、配偶者が職に就かない場合には、「国民年金第3号被保険者資格取得届」を年金事務所に提出する
子供ができたとき	「健康保険被扶養者（異動）届」を年金事務所または健康保険組合に提出する
転勤したとき	「雇用保険被保険者転勤届」を転勤先事業所所轄のハローワークに提出する。また、社会保険については転勤前の事業所所轄の年金事務所にて資格喪失届を出し、転勤先の事業所所轄の年金事務所にて資格取得届を提出する
氏名が変更されたとき	「健康保険厚生年金保険被保険者氏名変更（訂正）届」を年金事務所および健康保険組合に提出する。また、「雇用保険被保険者氏名変更届」を所轄ハローワークに提出する
住所が変更されたとき	「健康保険厚生年金保険被保険者住所変更届」を年金事務所および健康保険組合に提出する
病気で会社を4日以上休んだとき	「健康保険傷病手当金支給申請書」を協会けんぽ都道府県支部または健康保険組合に提出する
出産したとき	「健康保険出産手当金支給申請書」を協会けんぽ都道府県支部または健康保険組合に提出する
育児休業をするとき	「健康保険厚生年金保険育児休業等取得者申出書」を年金事務所および健康保険組合に提出し、社会保険料の免除手続きをする。加えてハローワークにて育児休業基本給付金手続きをする（5章32項参照）
従業員が70歳になったとき	「厚生年金被保険者資格喪失届」「厚生年金70歳以上被用者該当届」を年金事務所に提出する

※本書内の他のところで取り上げている、資格取得、資格喪失、高齢者継続雇用給付、育児（介護）休業給付については省略します。

ょう。間違った文字が登録をされ続けると将来の給付の際に支障をきたすことになりかねません。

こうした従業員の身上異動に関わる社会保険、労働保険手続きを的確に行なうためには、従業員情報リストの作成が重要であることは既述しましたが、そのリストをつくる上で大切なのが、従業員からの情報収集です。

　従業員が結婚したり、引越しをしたり、子供ができたり、配偶者が勤め始めたりというように、従業員のプライベート上の変動事項が発生したときには、その都度きっちりと把握をしていかなければなりません。

表46　身上異動届のサンプル

```
                                          平成○○年○月○日
総務人事部長
田中一郎殿              所属        開発部
                       氏名        山田　太郎

                     身上異動届

下記の件について、変動事項が生じましたので、提出致します。

●異動年月日      　年　　月　　日
●異動該当事項    □結婚      □転居          □出生
                  □氏名変更  □扶養家族の変動
                 （該当項目にチェックする）
●異動内容        ┌─────────────────┐
                  │                                  │
                  │                                  │
                  └─────────────────┘
                 ※結婚⇒相手の氏名と、女性の場合旧姓使用するかの旨
                 ※転居⇒引越し後の郵便番号、住所および電話番号
                 ※出生⇒新生児の氏名（フリガナ）、性別
                 ※扶養家族の変動⇒配偶者、子供の就職、離職など扶養対象
                    になるべき事項
●異動理由        ┌─────────────────┐
                  │                                  │
                  └─────────────────┘
●添付書類        _____    1通
                  _____    1通
                  _____    1通
```

そのためには、従業員に表46のような「身上異動届」を提出させることを周知しておくことです。身上異動届は定型フォーマットをみんなが取り出せるようサーバーに保存しておくか、事業所ごとに配布をしておきましょう。

●会社に関する手続き

　一方、会社（事業所）に関しても、例えば事業所が移転するなど、変動事項が生じたりした場合には、やはり社会保険、労働保険の手続きが必要になります。どのような場合に手続きが必要となるかを、下記表にまとめておきます。面倒なことではありますが、その都度適切に手続きを行なう必要があります。

表47　会社に関する諸手続き

	手続き
支店等事業所を増設したとき	手続きの一括化を図るため、「労働保険継続事業一括認可申請書」を所轄労働基準監督署に、「雇用保険事業所非該当承認申請書」を所轄ハローワークにそれぞれ提出する
会社の名称を変更したとき	「健康保険厚生年金保険適用事業所所在地・名称変更届」を年金事務所および健康保険組合に、「労働保険名称・所在地等変更届」を所轄労働基準監督署に、「雇用保険事業主事業所各種変更届」を所轄ハローワークにそれぞれ提出する
会社の住所を変更したとき	
会社の代表者が変更したとき	「健康保険厚生年金保険事業所関係変更（訂正）届」を年金事務所および健康保険組合に提出する
事業を廃止したとき	「雇用保険適用事業所廃止届」を所轄ハローワークに、「健康保険厚生年金保険適用事業所全喪届」を年金事務所および健康保険組合に提出する。加えて労働保険確定保険料の精算手続きを行なう

※5章34項で取り上げている、会社設立時の手続きについては省略します。

31 労災保険を有効に利用しよう

労災保険は頼りがいのある会社の味方

　業務上あるいは通勤途上の災害が発生したら、必ず労災保険を活用しましょう。労災が発生したときに労災保険が使えるということを、被災した従業員がよく知らずに、普通に健康保険を使って病院にかかったり、また、経営者が労働基準監督署に知れることを恐れ、意図的に労災保険を使わずに、やはりそのまま健康保険で対応させてしまうというようなことを耳にします。

　せっかく保険料をかけているのに、このような対応をするのは、正しいこととは言えません。**健康保険を使った場合には従業員が一部負担をしなければなりませんが、労災保険は基本的に全額保険で賄うことができます。**

　また、もし従業員がその労災事故による傷病が原因で障がいを負った場合、労災保険ではさまざまな補償がなされるのですが、健康保険ではそうした対応はありません。労災保険について正しい認識を持ち、労災事故が発生したら必ず労災保険を利用するということを、社内で徹底しましょう。

　労災事故が発生し怪我などをして病院にかかったら、一定の用紙(「療養補償給付たる療養の給付請求書」：様式5号)に必要事項を記載の上、それを労災指定の病院に提出すれば、病院から労働基準監督署に提出をしてくれます。

表48 さまざまな労災保険給付

給付の種類	内容
療養補償給付	労災による傷病に対する療養の費用負担
休業補償給付	労災で療養のため休業した場合に、所得をカバー
傷病補償年金	療養が長期化したとき(療養開始後1年6ヶ月経過後)の所得保障
障害補償給付	労災による傷病が治癒し、障がいが残った場合の生活の保障
遺族補償給付	労災により死亡した場合、遺族の生活の保障
二次健康診断等給付	過労死など脳・心臓疾患の予防措置

　労災保険による保険給付には表48のようにさまざまなものが用意されており、大変頼りがいのあるものとなっています。

　ところで、労災保険の適用は、あくまでも労働者に限定されます。従って、取締役など経営者は、業務上何か事故が起こったとしても、労災保険を使うことはできません。でも、「労働者と同じような働き方をするのでいざというときに備えて自分も保険の適用者になりたい」とお考えの経営者の方もいらっしゃるでしょう。

　このような方には、労災保険の「特別加入制度」というものがあります。ただし、中小企業の経営者が対象であり、大企業の経営者は利用できません。

32 雇用保険を有効に利用しよう

失業時に支払われる基本手当以外にも受給できるものがある

　雇用保険はその中心が失業に対する給付（基本手当）ですので、これは従業員退職後の話ということから、通常、経営者の目に直接触れるところではありません。でも従業員の在職中でも給付を享受できるものがあります。ひとつは高年齢雇用継続給付、そしてもうひとつが育児（介護）休業給付です。これらを活用しない手はありません。会社で賃金を下げた（あるいは支給しなかった）ところを国が補てんしてくれるのです。多少の手間はかかりますが、必ず手続きをしてください。

●高年齢雇用継続基本給付金

　高年齢雇用継続基本給付金は、60歳以上65歳未満の雇用保険に加入している従業員の賃金が、定年などにより60歳到達時での賃金と比較して、75％未満に低下してしまったときに、賃金補てんとして、60歳以降に支給されている賃金額の最大で15％が給付されるものです。60歳到達時賃金に比較して61％未満の場合に15％補てんとなります。61％以上75％未満の場合は、15％より小さい補てん割合が一定の公式に基づき計算されます。

　例えば、定年前まで40万円の給与額であった人が60歳以後は20万円の給与額に半減した場合、20万円の15％である3万円が給付されることとなります。

ちなみに高年齢雇用継続基本給付金の支給対象者になるには、それまでに雇用保険の被保険者期間を通算して5年以上有していることが要件となります。

●育児休業基本給付金

育児休業基本給付金は、子供が一歳になるまでの間（公的保育園に入所申し込みをしたが入所できないとき、配偶者に関して、死亡、傷病、次子の出産などやむをえない事情が発生したときなど一定条件の場合は1歳6ヶ月になるまでの間）、育児をするために会社を休職したときに、賃金補てんされるものです。

通常、育児休業中は無給とするところが中小企業の場合は圧倒的に多いと思いますが、無給のときは、育児休業期間を通して、休業開始時の賃金日額(注1)の50％（この支給率は暫定措置であり本来は40％です）が給付されることとなります。ちなみに無給とならなくても、休業開始時の賃金と比べて8割未満に低下したときは、一定の割合で給付がされます。

なお、介護休業の際にも、同様の仕組みでの給付金があります。

（注1）過去6ヶ月間の賃金総額を180日で除した額。上限設定がされているので、実際の給与額よりも低く算定されることもあります。

表49 高年齢雇用継続基本給付金、育児休業基本給付金手続き一覧

	給付の手続き
高年齢雇用継続基本給付金	「高年齢雇用継続給付受給資格確認票」「高年齢雇用継続給付支給申請書」に「雇用保険被保険者60歳到達時等賃金証明書」を添えて、所轄のハローワークに提出する
育児休業基本給付金	「育児休業給付受給資格確認票」「育児休業基本給付金支給申請書」に「雇用保険被保険者休業開始時賃金月額証明書」を添えて、所轄のハローワークに提出する

33 理解すれば簡単！労働保険料年度更新

保険料を概算と確定という捉え方で算定していくのが特徴

●労働保険料について

　雇用保険料と労災保険料の取り扱いについては、建設業などの業種を除き^(注1)、労働保険料として一元的に行なうことになっています。

　労働保険料は4月1日から翌3月31日までを保険年度とし、その期間に対して、年に1回、6月1日から7月10日までの間に申告・納付手続きをしていくこととなります。雇用保険料は、従業員分については、既述の通り、毎月の給与から控除していくのですが、納付は、年1回のこのタイミングに会社負担分と合わせて行なうこととなります。一方、労災保険は従業員の負担分はありませんので、会社負担分を雇用保険料と合算する形で、納付することになります。

　これらの保険料は基本的に、賃金総額に保険料率を乗じて算出します。保険料率は雇用保険料率と労災保険料率それぞれで設定がされています。

（注1）建設業など雇用保険料と労災保険料を別々に取り扱う業種を二元適用事業と言います。

●年度更新の仕組み

　労働保険は、現保険年度期間中に支給するであろう賃金総額の見

込み額に対して、労災保険、雇用保険各々の保険料率を乗じて、概算保険料を算出し、これを申告・納付していきます。そして、翌年になって保険年度終了後、賃金総額が確定したら、確定保険料を算出し、すでに納付した概算保険料との過不足額を精算していきます。それと合わせて次年度分の概算保険料を納付していくということを毎年度繰り返していきます。これを**年度更新**と言います。

例えば、平成23年6月1日から7月10日までに申告すべきは、平成23年度の概算保険料と平成22年度の確定保険料ということになります。

●提出書類の作成

労働保険料申告に向けての準備としては、まず、前年度の確定保険料の算定基礎となる賃金総額の計算が重要になります。これには「労働保険確定保険料算定基礎賃金集計表」(表50)を使用していきます。ここで取り扱う賃金とは、基本的に社会保険料や税金を控除する前の給与額や賞与額と考えましょう。

この集計表にて、労災保険料対象者人数および雇用保険料対象者人数とそれぞれに支給する賃金額を月別に集計していき、年間総額を求めていきます。

続いて「労働保険概算・確定保険料申告書」(表51)の作成です。
申告書では、まず労働保険確定保険料算定基礎賃金集計表で計算された年間賃金総額を、申告書の上段にある確定保険料算定基礎額欄に転記してくことになります。確定保険料は、この算定基礎額に前年度の労災保険料率および雇用保険料率を乗じて算定し、保険料額を右方に記入します。

表50　算定基礎賃金集計表

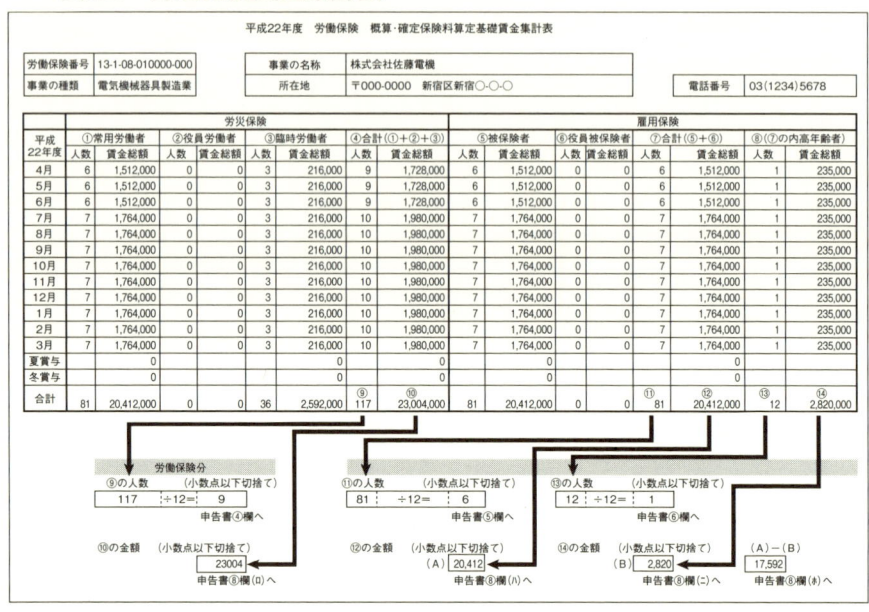

	労働保険番号	13-1-08-010000-000		事業の名称	株式会社佐藤電機						
	事業の種類	電気機械器具製造業		所在地	〒000-0000　新宿区新宿○-○-○			電話番号	03(1234)5678		

平成22年度　労働保険　概算・確定保険料算定基礎賃金集計表

平成22年度	労災保険										雇用保険								
	①常用労働者		②役員労働者		③臨時労働者		④合計(①+②+③)		⑤被保険者		⑥役員被保険者		⑦合計(⑤+⑥)		⑧(⑦の内高年齢者)					
	人数	賃金総額	人数	賃金総額	人数	賃金総額	人数	賃金総額	人数	賃金総額	人数	賃金総額	人数	賃金総額	人数	賃金総額			
4月	6	1,512,000	0	0	3	216,000	9	1,728,000	6	1,512,000	0	0	6	1,512,000	1	235,000			
5月	6	1,512,000	0	0	3	216,000	9	1,728,000	6	1,512,000	0	0	6	1,512,000	1	235,000			
6月	6	1,512,000	0	0	3	216,000	9	1,728,000	6	1,512,000	0	0	6	1,512,000	1	235,000			
7月	7	1,764,000	0	0	3	216,000	10	1,980,000	7	1,764,000	0	0	7	1,764,000	1	235,000			
8月	7	1,764,000	0	0	3	216,000	10	1,980,000	7	1,764,000	0	0	7	1,764,000	1	235,000			
9月	7	1,764,000	0	0	3	216,000	10	1,980,000	7	1,764,000	0	0	7	1,764,000	1	235,000			
10月	7	1,764,000	0	0	3	216,000	10	1,980,000	7	1,764,000	0	0	7	1,764,000	1	235,000			
11月	7	1,764,000	0	0	3	216,000	10	1,980,000	7	1,764,000	0	0	7	1,764,000	1	235,000			
12月	7	1,764,000	0	0	3	216,000	10	1,980,000	7	1,764,000	0	0	7	1,764,000	1	235,000			
1月	7	1,764,000	0	0	3	216,000	10	1,980,000	7	1,764,000	0	0	7	1,764,000	1	235,000			
2月	7	1,764,000	0	0	3	216,000	10	1,980,000	7	1,764,000	0	0	7	1,764,000	1	235,000			
3月	7	1,764,000	0	0	3	216,000	10	1,980,000	7	1,764,000	0	0	7	1,764,000	1	235,000			
夏賞与		0						0		0				0					
冬賞与		0						0		0				0					
合計	81	20,412,000	0	0	36	2,592,000	⑨117	⑩23,004,000	81	20,412,000	0	0	⑪81	⑫20,412,000	⑬12	⑭2,820,000			

労働保険分

⑨の人数　　　　　　（小数点以下切捨て）
117　÷12＝　9
申告書④欄へ

⑩の金額　　　　　　（小数点以下切捨て）
23004
申告書⑧欄(ロ)へ

⑪の人数　　　　　　（小数点以下切捨て）
81　÷12＝　6
申告書④欄へ

⑫の金額　　　　　　（小数点以下切捨て）
(A) 20,412
申告書⑧欄(ハ)へ

⑬の人数　　　　　　（小数点以下切捨て）
12　÷12＝　1
申告書④欄へ

⑭の金額　　　　　　（小数点以下切捨て）
(B) 2,820
申告書⑧欄(ニ)へ

(A)－(B)
17,592
申告書⑧欄(ホ)へ

　上段の確定保険料ができたら、次は今年度の概算保険料の算定となります。これは申告書の中段に記入する箇所があります。原則としては、ここの算定基礎額欄には上段で算定した前年度の賃金総額をそのまま転記します（ただし、当該年度の賃金総額見込み額が、前年度の確定保険料の算定基礎となる賃金総額の50％未満もしくは200％超のときには、その見込み額を概算保険料の算定基礎とします）。そして、概算保険料は、転記した算定基礎額に今年度の労災保険料率および雇用保険料率を乗じて算定し、保険料額を右方に記入します。

　次に前年度に申告済みの概算保険料と今回算定した確定保険料の差額について、過不足計算をしていきます。労働局から送付された申告書には申告済の概算保険料額が記載されています。この額と上

段で算定した確定保険料額の差引額を、不足の場合は不足額欄に、余剰の場合は充当額欄に記入していきます。

　最後に過不足精算の上、確定した納付額を、申告書の下についている「領収済通知書」の納付額欄に記載します。そして労働局あるいは所轄労働基準監督署に提出をします。保険料の納付については領収済通知書を持って金融機関あるいは郵便局にて行ないます。これらの提出および納付は毎年7月10日までに済ませなければなりません。

　ちなみに、概算保険料については、額が40万円以上の場合は、第1期7月10日、第2期10月31日、第3期翌1月31日の3回に分けて延納することができます（ただし過不足精算をした確定保険料は延納できません）。
　なお、平成19年4月より、アスベスト被害者救済費用に充当すべく「一般拠出金」（平成23年現在の料率1000分の0.05）が労災保険料や雇用保険料に上乗せする形で課せられています（従って最終的な納付額は労働保険料に一般拠出金を加算した額になります）。

表51 労働保険概算・確定保険料申告書

表52　労働保険申告のステップ

前年度確定保険料算定基礎賃金集計表を作成
- この集計表をつくることで、前年度の賃金総額を確定させる

↓ 集計表賃金総額の申告書への転記

前年度確定保険料の算定（申告書上段）
- 集計表にて計算した賃金総額を申告書に転記
- 賃金総額に前年度の料率を乗じて算定した確定保険料を申告書に記入

↓ 上段確定保険料賃金総額を下段に転記

今年度概算保険料の算定（申告書中段）
- 原則として前年度確定保険料算定に利用した賃金総額を見込み額として記入（ただし、前年度確定保険料賃金総額に対して今年度の見込み額が50％未満もしくは200％超のときはその見込み額を算定基礎とする）
- 見込み賃金総額に今年度の料率を乗じて算定した概算保険料を申告書に記入

前年度概算保険料の精算（申告書下段）
- 前年度に申告済みの概算保険料額と申告書上段に記載した前年度確定保険料額を比較し過不足額を精算
- 今年度概算保険料に過不足額を加え、さらに一般拠出金を加算して今期納付額を確定

7月10日までに申告書の提出および納付
- 申告書の下についている領収済通知書に申告書により算定された納付額を記載し、労働基準監督署等に提出。納付は最寄の金融機関あるいは郵便局にて

5 章　労働保険・社会保険管理

34 はじめて人を雇うときの社会保険・労働保険手続き

会社で労働保険、社会保険を適用可能とするためのもの

　事業を開始して初めて人を雇った場合には、適用事業所として社会保険や労働保険関係を成立させるための手続きを行なう必要があります。

　社会保険に関しての手続きでは、「健康保険・厚生年金保険新規適用届」(表52) を所轄の年金事務所に提出します。提出の際には、法人登記簿謄本などの添付が求められます。また健康保険料および厚生年金保険料は、毎月の納付が求められますので、通常は納付を口座振替で行ないます。従ってそのための「保険料口座振替納付申出書」を一緒に提出することになります。

　なお、法人では代表者を含めた役員についても社会保険への加入義務があります。従って従業員を雇っていない状態でも設立時に新規適用届を提出しなければなりません（一方、個人事業の場合は、従業員を5名以上雇うまで新規適用届の提出義務はありません）。

　労働保険に関しての手続きでは、「労働保険関係成立届」(表53) を所轄の労働基準監督署に、また「雇用保険適用事業所設置届」(表54) を所轄のハローワークに、それぞれ別に提出していく必要があります。

　提出する際には、順番があります。最初に労働基準監督署に行き、その後、ハローワークに行くことです。なぜなら、雇用保険適用事業所設置届の提出には、「労働保険関係成立届」の控えを添付する

必要があるからです。また「労働保険関係成立届」「雇用保険適用事業所設置届」ともに法人登記簿謄本などの添付が求められます。

　労働保険関係成立届については、それがたとえアルバイトであっても、従業員を1人でも雇った場合には提出しなければなりません。一方、雇用保険適用事業所設置届は雇用保険に加入すべき従業員を最初に雇い入れたときに提出義務が発生します。

　これらの手続きについては、複数箇所に提出をしていかなければならないこと、必要とされる書類が煩雑なことから、社会保険労務士に委託するケースが多いようです。もし自分で手続きをされるときは、添付書類など、前もって提出先に確認をしておくなどして、何度も足を運ぶようなことにならないよう注意しましょう。

表52　健康保険・厚生年金保険新規適用届

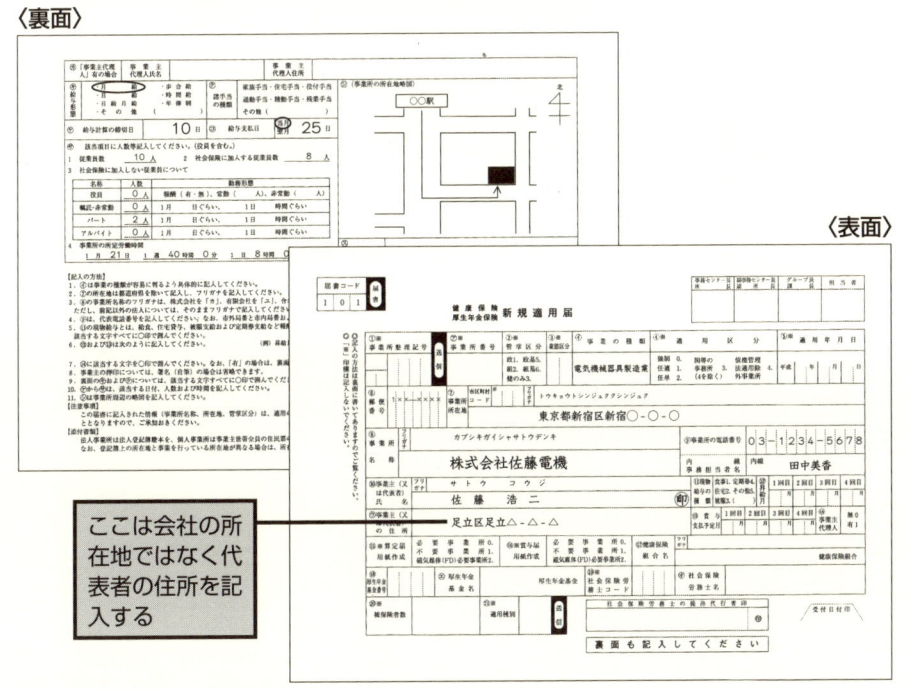

〈裏面〉

〈表面〉

ここは会社の所在地ではなく代表者の住所を記入する

表53 労働保険関係成立届

表54 雇用保険適用事業所設置届

〈表面〉

濁点は1マス使う

〈裏面〉

最寄り駅までの道順を示した地図を具体的に記入

5章 労働保険・社会保険管理

6章 その他の労務

35 細かいことだけど、とても重要！ 通勤管理のしかた
36 トラブル防止！ 人事異動、職務転換の注意点
37 油断すると痛い目にあう！ 安全衛生管理
38 社員を守るための健康診断の受診実務
39 泥沼にならないための「病欠および療養休職」対処法
40 足元をすくわれない懲戒の進め方
41 費用対効果から考えるパートタイマー活用法
42 派遣社員を有効に活用しよう
43 落とし穴に注意！ 就業規則作成のコツ①
44 落とし穴に注意！ 就業規則作成のコツ②

管理

6

35 細かいことだけど、とても重要！ 通勤管理のしかた

合理的経路をしっかりと決めておくことが肝心

　会社は、従業員の通勤に関して、①通勤災害時の対応、②適切な通勤手当の設定、この２点をしっかりと管理することが重要です。

●通勤災害時の対応

　労災保険では、業務上災害のみならず、通勤途上に被災した場合も補償の対象となります。ただしその受給要件には、通勤経路が合理的なものである必要があります。特に合理的な理由もなく遠回りとなるような経路をとった場合には、通勤災害の認定を受けられない可能性があります。

　この合理的経路は通常会社に届け出ている経路であれば問題ありません。逆に言えば、会社としては通勤経路を届け出させておき、明確にしておくことが大切です。

　また、この合理的な経路をそれる逸脱行為や、通勤とは関係のない行為での中断があった場合、原則的に通勤災害認定はされないことになります。ただし、例えば駅構内で雑誌を買うなどの"ささいな行為"は逸脱や中断には該当しません。また食品の購入など"日常生活上必要な行為"をした場合、その行為の最中は逸脱、中断となりますが、その後合理的経路に復せば通勤として認定されます。

　通勤災害が発生したら必ず会社に報告をさせるようにしておくということも含めて、従業員にはこうした通勤災害に関する情報をしっかりと理解させておくことが肝要です。

●適切な通勤手当の設定

　適切な通勤手当の設定ということでは、やはり合理的な経路がキーワードになります。この経路は電車通勤であれば最も時間がかからず、最も安い運賃であることが前提となります。最も時間のかからない経路と最も運賃の安い経路がイコールとならない場合には、状況にもよるでしょうが、通常は会社の判断として最も運賃の安い経路を選択することになると思われます。

　会社と従業員宅が至近距離の場合、どれだけの距離であればバス等の交通機関を利用できるかも明確にしておくのがよいでしょう。通常は1km以内であれば徒歩が常識でしょう。いずれにしても、これらの通勤情報を把握するために、従業員には入社時あるいは転居時に必ず「通勤管理台帳」（表55）を提出させて、適切な管理ができるようにしておきましょう。

表55　通勤管理台帳

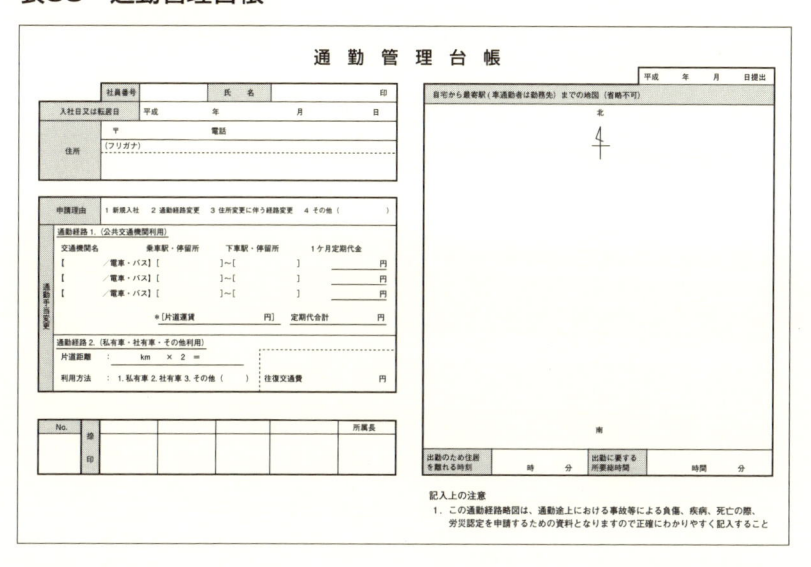

36 トラブル防止！ 人事異動、職務転換の注意点

理不尽な内容だと権利濫用とみなされることも

　職種限定特約を交わしていない限り、人事異動や職務転換は、原則として会社の業務命令の一環として行なうことができます。ただし、それは就業規則に記載をしておくことが前提です（下記規定例参照）。就業規則に一切記載がないときは、従業員個々人との間で同意をとっていく必要がでてきます。また、就業規則に人事異動や職務転換の記載があればどんな状況でも絶対に大丈夫かといえばそうとは限りません。そこには一定の合理性が求められます。もし、不当な動機などで人事異動や職務転換を行なった場合には、会社側が権利を濫用したものとみなされ、かかる人事異動、職務転換は無効となる可能性があります。合理性を見ていく着眼点としては以下3点があげられます。

　①それを実施する必要性があるか
　②その対象となる人選に妥当性はあるか
　③実施したことに伴い通常甘受すべき労働者の不利益を超えた状

「人事異動」の就業規則規定例

> 第○条　会社は業務上必要ある場合は、社員に勤務地、所属、職種、職務の変更および派遣、出向等の異動を命ずることがある。異動を命ぜられた社員は、正当な理由がない限り拒むことはできない。
> 2、異動を命じられた社員は、確実に業務の引き継ぎをし、会社の指定日に勤務を開始できるよう赴任しなければならない。

態になりはしないか

　以上を基準と捉える中で、もし理不尽と思えるような人事異動や職務転換を行なえば、争いになったとき会社側に不利な判断が下される可能性が高いということになります。

　転居を伴う人事異動を転勤と呼びますが、転勤の場合には、従業員の生活環境が大きく変化するわけですから、特に注意が必要です。上記着眼点の③については主に転勤の場合を想定してのものですが、たとえば単に"単身赴任での転勤"という程度であれば、社会的に見てイレギュラーなことではありませんので、通常甘受すべき不利益を超えたものとは言えません。しかし、家族に介護対象者がいる場合など、転勤をすることで生活に著しい支障をきたすような場合には、無効とされる可能性があります。また、当然勤務地限定特約が事前になされている場合には、転勤をさせることはできません。

　一方、職務転換ということでの注意点は、転換後の職務の系統が大きく異なるときです。例えば、システムエンジニアの職務をさせていたのに、突如、警備の職務に転換させるというような場合には、いくら職種限定特約を設けていなかったにしても、常識を超える措置と言わざるを得ません。このように職務系統を極端に変える場合は、判例でも無効とされるものがあり、要注意です。

　職務転換を含めて人事異動をする場合には、**事前に必ず「異動辞令」を発令**しましょう。働くポジションが変更されるわけですから、従業員本人にとっても、次の仕事に着手するきっかけとして、けじめの辞令は気持ちの上でも大切です。

37 油断をすると痛い目にあう！ 安全衛生管理

従業員の健全な状態を常に維持することを心がけよう

　会社は従業員に対してさまざまな業務命令を出していく中で、ときに従業員の安全面、衛生面を脅かす可能性があることについて自覚する必要があります。ささいなことでも、従業員の身体に悪影響が及ぶことであれば、ただちに危険を除去しなくてはなりません。

　会社は従業員に対する安全配慮義務を負っているのです。従業員の健全な状態を維持することは、労働生産性の向上にもつながるものです。

●法律で求められる安全衛生管理体制

　企業における安全衛生管理については、労働安全衛生法によりさまざまな事項が細かく規定されています。ここではそのすべてをご紹介することはできませんが、特に重要なポイントとなる安全衛生管理体制について触れておきたいと思います。

　労働安全衛生法では、安全衛生管理について企業で責任をもって遂行してもらうために、各種責任者の設置を規定しています。表56、表57は、一般業種の企業において設置が義務付けられているものです。建設業など特殊な業種では別途各種責任者の設置が求められますが、ここでは省略します。

●事業場従業員規模常時50名以上の対応

　従業員常時50人規模以上の事業場になると、安全管理者、衛生管理者を設置しなければならなくなります（ただし、安全管理者の設置業種は次のものに限られます〈⇒林業、鉱業、建設業、運送業、清掃業、製造業（物の加工業を含む）電気業、ガス業、熱供給業、水道業、通信業、各種商品卸売業、家具・建具・什器等卸売業、各種商品小売業、家具・建具・什器等小売業、燃料小売業、旅館業、ゴルフ場業、自動車整備業、機械修理業〉これらの業種以外では、安全管理者についての設置義務はありません）。

　ちなみに、この規模は事業場毎のものであり、企業全体の従業員数ではありません。例えば、本社が40名、別の場所にある工場が40名ということであれば、安全管理者、衛生管理者は設置しなくてもよいということです。ただし、パートタイマーやアルバイトでも常時雇用状態であればカウントされますので、ご注意ください。

　問題となるのは、安全管理者、衛生管理者ともに表56にある一定の資格が必要となる点です。特に衛生管理者については、資格取得試験を受ける必要がありますので、該当規模になる見込みの段階で、担当従業員に受験をさせなければならなくなります。該当業種、該当規模であるにもかかわらず、安全管理者、衛生管理者を設けていない場合、労働基準監督署に指導を受けることになりますので、この点要注意です。

　また、50名以上の規模では産業医を選任しておくことも求められます。産業医の仕事は、労働者の健康診断、衛生教育、職場における健康障害の原因調査、事業場の責任者に対する専門的な指導助

表56　一般業種企業の安全衛生管理体制（従業員規模50名以下）

	安全管理者	衛生管理者	産業医
職務	・安全にかかわる技術的事項の管理 ・作業場の巡視	・衛生にかかわる技術的事項 ・毎週1回の作業場の巡視	・労働者の健康管理 ・必要に応じて衛生管理者に対して指導・助言をする ・少なくとも毎月1回作業場等を巡視
資格要件	①厚生労働大臣が定める研修を修了した次の者 (イ)　大学・高等専門学校における理科系統の正規の課程を修めて卒業後2年以上産業安全の実務経験を有する者（理科系統以外の者は4年以上の実務経験が必要） (ロ)　高等学校または中等教育学校において理科系統の正規の学科を修めて卒業後、4年以上産業安全の実務経験を有する者（理科系統以外の者は6年以上の実務経験が必要） (ハ)　(イ)(ロ)以外の場合で、7年以上産業安全の実務経験を有する者 ②労働安全コンサルタント	①都道府県労働局長の下記免許を受けた者 (イ)　第1種衛生管理者 (ロ)　第2種衛生管理者 (ハ)　衛生工学衛生管理者 ②厚生労働省令で定める下記の資格を有する者 (イ)　医師 (ロ)　歯科医師 (ハ)　労働衛生コンサルタント (ニ)　その他厚生労働大臣が定める者	以下の要件を備えた医師 ①厚生労働大臣が定める研修を修了した者 ②医学の正規の課程で産業医の養成等を目的とするものを設置している厚生労働大臣が指定する大学（産業医科大学）においてその課程を修めて卒業し、厚生労働大臣が定める実習を履修したもの ③労働衛生コンサルタント試験に合格した者で試験区分が保健衛生である者 ④大学で労働衛生に関する科目を担当する教授、准教授、または常勤講師の職にあり、又はあった者 ⑤その他厚生労働大臣が定める者

※このほか、従業員がかなり大規模である事業所では、安全管理者、衛生管理者のほかに、総括安全衛生管理者（安全管理者、衛生管理者を指揮する立場の者）を設置する必要があります。

言、職場の巡視などであり、病人の診断・治療を行なう臨床医と比較してその仕事内容はかなり異なっており、どの医者でもよいというわけではありませんので、選任に際しては産業医の資格を有していることの確認が必要です。

●事業場従業員規模常時10名以上50名未満の対応

事業場の従業員規模が10名以上50名未満の場合には、衛生推進者（前ページの安全管理者設置業種は安全衛生推進者）の設置でこと足ります。これらは簡単な講習を受けるだけで誰でもなれますので、それほど神経質になる必要はありません。

表57　安全衛生推進者および衛生推進者の資格要件

①大学または高等専門学校を卒業後、1年以上安全衛生の実務（衛生推進者にあっては衛生の実務）に従事した経験を有する者

②高等学校又は中等教育学校を卒業後、3年以上安全衛生の実務（衛生推進者にあっては衛生の実務）に従事した経験を有する者

③5年以上安全衛生の実務（衛生推進者にあっては衛生の実務）に従事した経験を有する者

④厚生労働省労働基準局長が定める講習を修了した者

⑤厚生労働省労働基準局長が、①から④までに掲げる者と同等以上の能力を有すると認める者

38 社員を守るための健康診断の受診実務

健康診断の費用は必要経費。しっかりと受診させよう

　会社は、常時勤務をさせる従業員に対しては、雇い入れ時、あるいは定期的に健康診断を実施すべきことが、労働安全衛生法で規定されています。同じくパートタイマー等については、1年以上雇用されることが予定されており、1週間の所定労働時間が通常勤務者（正社員）の4分の3以上の場合には、実施の義務が発生します。

　雇い入れ時健康診断、定期健康診断以外にも、海外派遣労働者健康診断、結核健康診断、給食従業員の健康診断、特殊健康診断などさまざまな健康診断が義務付けられていますが、全員を対象とするものではありませんので、本書では省略します。

　定期健康診断は1年以内毎に1回、一定診断項目（表58）について行なうもので、健康診断の対応可能な近隣の医療機関にて受診をさせます。通常は年1回、実施月を決めておき、そこで集中的に受診させるようにします。人によって受診時期がばらついていると管理上きわめて煩雑となるためです。また、常時50名以上の従業員が従事する事業所では、各人が受診した定期健康診断の結果について「定期健康診断結果報告書」を労働基準監督署に提出することが課せられています。

　定期健康診断の費用は、会社が負担しなければなりません。たしかに、一定の人数を抱えている会社ですと、定期健康診断にかかるコストはバカにならない額となります。しかし、定期健康診断で疾

病等を早期発見して大事に至らなかったということはよく聞く話です。

社員の健康状態は、企業の労働生産性に直結します。病気で欠勤が続くと労働稼働率が下がり、業績にも悪影響がでます。また療養が長期化した場合、もし退社してもらおうという判断をしても、多くの手間がかかり、新たに人を雇い入れるにも採用コストが発生することになります。

このように考えますと、従業員の健康維持が会社にとっても結果的にメリットになりますので、**定期健康診断でかかる費用は必要経費と割り切り、しっかりと受診させることを心がけるべきです。**

表58　定期健康診断項目一覧

①既往歴、業務歴の調査　②自覚症状、他覚症状の有無の検査
③身長、体重、腹囲、視力、聴力の検査
④胸部エックス線検査、かくたん検査　⑤血圧の測定　⑥貧血検査
⑦肝機能検査　⑧血中脂質検査　⑨血糖値検査　⑩尿検査　⑪心電図検査

※項目により、条件次第では一部省略のできるものもあります。

一方、雇い入れ時健康診断も前記の通り法定事項です。雇い入れ時の検査項目は基本的には定期健康診断のものとほぼ同様です（かくたん検査はありません）。雇い入れ時健康診断については、「医師による健康診断を受けた後、3ヶ月を経過しない者を雇い入れ、その結果を証明する書面を提出させた場合、省略できる」という例外規定があります。この例外規定を利用して、会社が内定者に事前に健康診断を受けさせ費用は補てんしないところがありますが、本来は雇い入れ健康診断の費用も会社が負担をしなければならないものです。

39 泥沼にならないための「病欠および療養休職」対処法

事前にしっかりと明文化しておき、粛々と手続きを進めること

　従業員が病気となり、欠勤の続くことは会社にとって好ましいことではありません。しかし、誰しも病気になることはありますし、ときには入院などすることだってあるでしょう。人間なのだから仕方のないことです。

　そこで多くの会社では、私傷病（業務上の原因でないもの）での療養に際しては一定の「休職」期間を設定しています。この**療養休職は従業員にとって欠勤が続くことでいきなり退職させられるという運びとなる前のモラトリアム期間である**と解釈ができます。

　療養休職は、法律で定められたものではありません。従って必ず設ける必要はないのですが、就業規則を設けている会社では、大概これについて規定しています。中小企業では概ね６ヶ月から１年程度の期間を設定しているところが多いようです。

　従業員が病気で休み始めたら会社としてどんな対応をするべきでしょうか。

　まず、休み始めて５日程度たったら、病状の確認をするべきです。普通風邪では５日も休むことはないでしょうから、インフルエンザを含めた伝染病の罹患が疑われます。さらに長期化が予想される場合には、この段階で医師の診断書を提出させます。ここで得た情報にて労務上の対応を検討していきます。欠勤が１ヶ月以上になりそうでしたら、療養休職の準備をしていきます。この点は療養休職の事由を欠勤継続１ヶ月という形で就業規則に規定をしておきます。

このインターバルは1ヶ月でなければいけないわけではありませんが、1ヶ月程度で見定めていくのが一般的です。

療養休職の発令については、かならず辞令という形式をとり、書面で当人にも郵送にて交付しておきます。そして、この書面では、①休職期間中の賃金は支給しないこと、②社会保険料の従業員負担分は支払ってもらうこと、の2点も明らかにしておきます。この点についても就業規則に記載をしておきます。なお、社会保険料については、その都度支払ってもらうか、会社が立て替えておき、事後精算とするかは、当該者との話し合いで決めておきます。

療養の経過が良好で復職が見込めることになったら、復職手続きをとりますが、その際にも、医師（必要に応じて会社指定の医師）の診断書は必ず提出させます。復職は現職務とは異なる仕事に就かせる可能性もありますので、その点も就業規則に明記をしておきます。また、復職後、傷病が再発することもあり得ますので、その場合には休職期間を通算する旨を就業規則に記載しておくことも大切です。

> 第〇条　業務外の傷病により引き続き欠勤し、1ヶ月を経過したとき、療養休職を命ずる。
> 療養休職期間の賃金は支給しない。また、この期間の社会保険料の従業員負担分は本人に請求する。
> 復職については、会社の指定する医師の診断書に基づき会社が決定する。なお、復職は休職前の職務に復することを原則とするが、事情により休職前とは違う職務に復職させることがある。
> 同一または類似の事由により復職後6ヶ月以内に再び休職する場合、前後の休職期間を通算する。

40 足元をすくわれない懲戒の進め方

公正な手続きを心がけよう

　従業員が不法行為をしたり、会社に損害を与えることをした場合には、毅然たる態度で処することが大事です。これに対しては、就業規則の賞罰に関する規定を設けて、そこに懲戒の方法と懲戒事由を列挙しておき、これに基づき、悪いことをした従業員に懲戒（あるいは「制裁」という表現を使う場合もあります）を実施していきます。就業規則にこれらの規定がないと懲戒はできません。これは国の刑法の罪刑法定主義の考え方を踏襲しているからです。

●懲戒の種類、事由および進め方

　よく使われる懲戒の種類としては、軽い順に譴責（けんせき）、減給、出勤停止、降級、諭旨解雇、懲戒解雇といったものがあります。当然、一番重いのが懲戒解雇ということになります。

　懲戒の事由については、罪の重さに応じてできるだけ具体的に記載をしておくことが、スムーズな懲戒処分につながります。譴責と懲戒解雇では、懲戒の事由が同じはずがありません。就業規則においては例えば、①譴責の場合、②減給・出勤停止・降級の場合、③諭旨解雇・懲戒解雇の場合、と３段階程度に分け、表現を違えて整理をしておくとよいでしょう。

　まずは、懲戒の対象となる事実関係について、対象者本人にヒヤリングを行ないます。言い分も含めて一部始終を確認します。ヒヤ

リング時は、実施場所などを慎重に選びましょう。続いて、従業員の行為がどの懲戒の種類に該当するかの判断をしていきます。注意点は過去の事例と比較してバランスを欠かないことです。同じ行為なのにかたや譴責、かたや出勤停止では、会社側の恣意性を疑われてしまい、トラブルの原因となります。

　懲戒内容を決めたら、それを社内の賞罰委員会で諮ります。中小企業であれば賞罰委員会は社長もしくは管理部長が委員長となり、労働組合役員あるいは従業員過半数代表も委員にしておきます。ここで決定した内容を対象者に伝えていきます。なお、懲戒内容が確定するまでの間、対象者を自宅待機にするという場合が想定されますが、このようなケースで自宅待機をさせたときは、業務命令となり、賃金支払義務は喪失しませんのでご注意ください。

第○条　懲戒の種類は次の通りとする。

① 譴責…始末書を提出させ将来を戒める。

② 減給…始末書を提出させ、1回の額が平均賃金の1日分の半額、総額が一賃金支払期間における賃金総額の10分の1を超えない範囲で、減給する。

③ 出勤停止…始末書を提出させ、7日以内の出勤停止を命じ、その期間の賃金は支払わない。

④ 降級…始末書を提出させ、資格等級上で一等級下位の等級に降級する。

⑤ 諭旨解雇…懲戒事由に該当する場合、本人に退職届の提出を勧告する。ただし、勧告後7日以内に退職届の提出がない場合には懲戒解雇とする。

⑥ 懲戒解雇…予告期間を設けることなく即時に解雇する。この場合、所轄労働基準監督署長の認定を受けたときは、解雇予告手当を支給しない。

41 費用対効果から考える パートタイマー活用法

ポイントは正社員との管理上の違いを明らかにしておくこと

●パートタイマーには出来高的仕事を

短時間労働者いわゆるパートタイマーは、次のような特性を持っています。

① フルタイマーと比較して1日の労働時間が短いので、事業所の朝の開始時刻、夕刻の終業時刻のどちらか、あるいは両方にて不在となる
② 通常は時給なので1時間単位で投入するコストが明確である
③ 通常はシフト勤務パターンを設けてワークスケジュールを組み立てる

こうしたことから、パートタイマーに対しては労働時間管理がより重要になってきます。また、この特性を踏まえると、パートタイマーには、4章18項で前述した出来高的仕事を与えていくことが効率的であり、コストパフォーマンスの向上につながっていくものと考えられます。

出来高的仕事は、時間単位で仕事量を把握することのできるものです。比較的単純で繰り返し行なう作業などは、おおよそ出来高的仕事です。製造業の生産ラインでの業務も大体はこれにあたるでしょう。小売業の店頭販売も広い意味では、これに類するものです。

出来高的仕事は時間単位で管理ができる仕事ですので、事業所稼

働時間（営業時間）中、ずっと在席していなくても、各人が在席できる時間帯での仕事の状態に対して、評価をすることができるのです。

●ワークスケジュール表の作成

　こうした出来高的仕事をパートタイマーが遂行していく際には、ワークスケジュール表の作成が重要となります。表59および表60のように、ワークスケジュール表は、パートタイマーの在席稼動管理および仕事内容の管理のためのもので、始業、終業時刻がばらばらであるパートタイマーが、その日にどんな仕事をいつからいつまで実施させるかをひと目で把握できるようにしたものです。

　また、ひとつのラインに2人のシフト勤務を組み合わせることにより、全体稼動をキープするようなこともワークスケジュール表で検討できます。例えば表59は製造業のラインですが、ラインAでは、bさん、cさん、ラインBではfさん、gさんのそれぞれ2人で1

表59　××月×日○○工場　製造ラインワークスケジュール

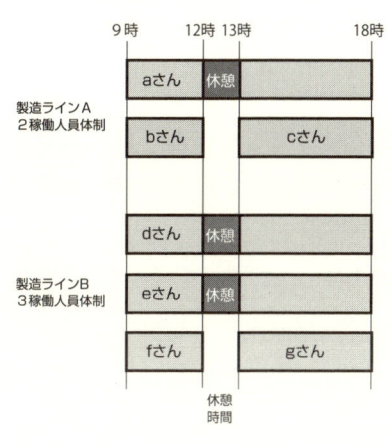

表60　××月×日○○百貨店　A売場ワークスケジュール

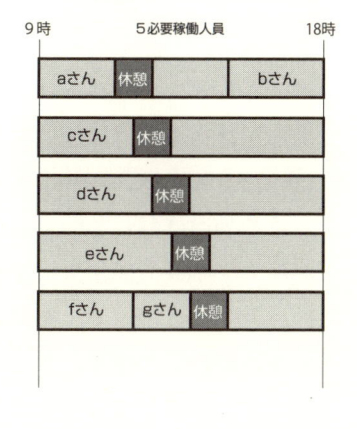

稼働人員とする組み合わせによりスケジュールを成立させています。休憩時間などもこの表で管理していきます。

表59は製造業で休憩は一斉付与となっているのでシンプルですが、表60は小売業であり、休憩時間は交代制となっているので、あらかじめのスケジュール管理が不可欠となります。ここでは、5必要稼働人員のところを7人の組み合わせでスケジュールを成立させており、また休憩も交代で段階的に取得する形としています。

人により1日の中での働く時間帯が異なってきますと、不人気な時間帯が出てきます。例えば、パートタイマーを募集した際に、主婦が多く集まる地域の店では、夕刻や夜の時間帯は、募集してもなかなか来てくれません。こうした時間帯には手当の上乗せ加算などをすることで、インセンティブをつけ、この時間帯の応募を促すとともに、公平感を演出します。例えば、「午後5時から終業時刻である午後7時までの2時間に稼動した場合には、通常の時給に100円を上乗せする」といった具合です。

●正社員との仕事の違いを区分する

パートタイマー活用のポイントは、低賃率の労働力としてのパートタイマーに、出来高的仕事といった付加価値の高くない業務を割り当てることで、コストパフォーマンスを上げるとともに、高賃率である正社員を高付加価値業務に専念させるところにあります。そういった意味では、パートタイマーの時給をどんどんと上げてしまうとその効用は薄れていきます。

パートタイム労働法では、パートタイマーを仕事の内容について正社員と同様に扱っていた場合同じレベルの賃金を支払っていくことが求められています。しかしながら、パートタイマーの賃金を社員と同じものにしてしまっては、本質的にパートタイマーを活用す

る意味が半減してしまいます。従って、**仕事の内容としては、正社員と一線を引き、別種のものにしていくことが大切**になります。

例えば、同じ業務ラインに正社員とパートタイマーを混在させるにしても、正社員にはプラスアルファで監督職的業務を与えるなどして、パートタイマーとの職務内容の違いを明らかにしておきましょう。

●有期雇用契約で更新を続けるとクビにできなくなる？

従業員における正規、非正規の区分け方としては、フルタイマーかパートタイマーかのほかに、労働契約期間が有期か無期かの違いによるものがあります。フルタイマーは無期であれば正社員、有期であれば「契約社員」あるいは「嘱託社員」などと呼ばれる雇用形態でしょう。

一方、パートタイマーはその大半が契約期間を有期としていると思われます。有期雇用契約としていくのは、要員政策上、柔軟に対応できるようにするのが目的でしょう。契約期間を6ヶ月間、あるいは1年間と区切っておくことで、もし6ヶ月後、あるいは1年後に要員調整をする必要がでてきたとき、この有期雇用契約の従業員から辞めてもらうわけです。

たしかに、正社員の首を切るのは、とてもハードルが高いところを、有期雇用契約としておけば、臨機応変に退社してもらえそうな感じを持っておられる方も多いでしょう。

しかしながら、ことはそう簡単には運びません。

有期雇用契約の契約期間途中で、契約を解除する、つまり解雇する場合と、契約期間を満了して更新せず雇止めする場合とに分けて考えてみましょう。

表61　パートタイム労働法におけるパートタイム労働者の処遇

通常労働者と同視すべき者（仕事の内容と責任および全雇用期間における人材活用の仕組みが社員と同一であり契約期間が無期または反復更新により無期と同じ状態の場合）	・すべてにおいて差別的取扱い禁止
職務と人材活用の仕組みが同じ者（仕事の内容と責任および一定期間における人材活用の仕組みが社員と同一の場合）	・通常労働者と同一方法で賃金を決定する努力義務 ・教育訓練は、同一職務の期間につき差別的取扱い禁止 ・福利厚生は利用機会を与える配慮義務
職務が同じ者（仕事の内容と責任が社員と同一の場合）	・教育訓練は、同一職務の期間につき差別的取扱い禁止 ・福利厚生は利用機会を与える配慮義務
上記以外	・通常社員との均衡を考慮した教育訓練の努力義務 ・福利厚生は、利用機会を与える配慮義務

　契約期間の残りがまだあるのに、解雇にするということについては、労働契約法には次のような規定があります。

> **労働契約法第17条**　使用者は、期間の定めのある労働契約について、やむをえない事由がある場合でなければ、その契約期間が満了するまでの間において、労働者を解雇することはできない。

　ここでいう「やむをえない事由」とは、相当に高度な必要性が問われるものであり、実は無期雇用の正社員を解雇にするよりも高いハードルであるとされています。従って、事業の継続が困難な事態など、よほどのことがない限り、期間途中の解雇はできないと思っ

たほうがよいでしょう。

　次に契約期間満了後の雇い止めについても、更新を繰り返した後のことであった場合には、正社員の解雇と同じ扱いになってしまう可能性があります。これには以下のような着眼点で判断がされます。

① 業務内容が恒常的か、それとも臨時的か
② 地位が基幹的か、それとも臨時的か
③ 雇用継続を期待させるような言動が会社側にあったか
④ 更新の回数および契約期間の通算年数
⑤ 雇用管理状況（契約更新手続きなど適切なタイミングで書面にて為されているか）
⑥ 他の有期雇用契約労働者の雇用状況

　パートタイマーに関連しても申し上げましたが、仕事が恒常的、地位が基幹的など正社員と同様の取り扱いをしていると、容易に雇い止めをすることはしづらくなります。同様に「将来、正社員にしてあげよう」などという言葉をかけていたら、雇い止めはことさら難しくなります。

　いざというときに、雇い止めができるようにするためには、有期契約の従業員に対しては、上記の点に気をつけて、**書面による更新管理をしっかりと行ないながら、正社員との仕事上、地位上の違い**というものをはっきりとさせていくような取り扱い方が望まれます。

42 派遣社員を有効に活用しよう

労働者派遣法の制約を押さえながらうまく使いこなす

　財務面から見れば、人件費の変動費化は重要なテーマです。人件費を変動費化させるには派遣社員の活用が有効です。しかしながら派遣社員の取り扱いについては労働者派遣法によりさまざまな制約が課せられています。この項では、派遣社員を活用する上での注意点は何か、そしてどうすれば派遣社員を上手に活用することができるかについて解説をしていきます。

●派遣社員ができる業務

　派遣社員にはどのような業務をさせることができるのでしょうか。従来の労働者派遣法では派遣可能な業務は専門26業務に限定されていました（表62）。しかし、法改正により現在では一部の派遣禁止業務（平成23年7月現在、派遣禁止業務は、港湾運送業務、建設業務、警備業務、医療関係業務など）を除いて、さまざまな業務で派遣社員の活用が認められています。

　例えば、営業の仕事や、製造現場の仕事でも活用が可能です。ただし、専門26業種以外の業務に関しては、派遣受け入れ期間の制限（最長3年）があります。一方、専門26業種については受け入れ期間の制限はなく、契約更新を続けることができます。

　派遣社員を活用する上で適した業務は事務系の仕事でしょう。通常の事務系の仕事であれば専門26業種のどれかに当てはまると思

表62　政令で定める専門26業務

1号	情報処理システム開発
2号	機械設計
3号	放送機器操作
4号	放送番組等の制作
5号	事務用機器操作
6号	通訳、翻訳、速記
7号	秘書
8号	ファイリング
9号	調査
10号	財務
11号	貿易
12号	デモンストレーション
13号	添乗
14号	建築物清掃
15号	建築設備運転等
16号	受付・案内、駐車場管理等
17号	研究開発
18号	事業の実施体制の企画・立案
19号	書籍等の制作・編集
20号	広告デザイン
21号	インテリアコーディネータ
22号	アナウンサー
23号	OAインストラクション
24号	テレマーケティングの営業
25号	セールスエンジニアの営業、金融商品の営業
26号	放送番組等における大道具、小道具

われます。従って、専門知識を有した労働者を必要な期間だけ（その気になればいつまでも）使うことができます。

●派遣会社の選び方

　会社に派遣社員を入れようとしたら、まず派遣会社（派遣元）の選定から検討していくことになります。派遣会社は、派遣社員の採用、教育、給与支払い、社会保険料の取り扱いなど、派遣社員の人事管理全般を担当してくれますので、派遣先の会社はそうした業務

からは解放されることになります。この点も派遣社員活用のメリットです。

　でも逆に捉えれば、派遣会社にはこうした労務管理をしっかりとしてもらう必要があることから、そうした能力のある派遣会社を選定していくことが重要となります。派遣会社は大小あわせて星の数ほどあります。なかには"コンプライアンス（法令遵守）上問題あり"というところもあるでしょう。料金が安いからといって飛びつくと痛い目にあいかねません。

　業容、業績などを参考にするとともに、担当者から話をよく聞いた上で、迅速な対応ができるか、フォローは丁寧にしてくれそうかなどをしっかりと見極めて選定すべきでしょう。

●派遣社員の選び方

　派遣社員選定に先だっては、どのような業務をさせるのかということについて、できるだけ具体的なイメージづくりをしておくことがまずもって重要です。

　派遣社員は契約に仕事内容が規定されることになります。直雇用の社員のように「何をさせてもよい」という感覚では派遣社員の活用は難しくなります。契約に載っていない業務を指示した場合には、トラブルにつながりかねません。ボイコットされることだって考えられます。こうしたことから、仕事内容の適合は大切な要素なのです。

　労働者派遣法では、「派遣労働者を特定することを目的とする行為をしないように努めなければならない」とされており、派遣労働者を特定するための面接はできないことになっています。

　これは、労働者派遣とは、"人"というよりは"作業・仕事"を供給するという考え方に基づくものであり、労働者の人となりや性

格は基本的に関係しないと捉えられているところによるものです。

しかしながら、実際に受け入れる側の派遣先としては、これでは納得できないところもあるでしょう。

これに対しては、派遣予定労働者の事前事業所訪問というスタイルで、当事者と事前に接触することは可能ですので、(指針によれば、派遣される予定の者が自主的に事業所を訪問することは禁止されていません) この方法を派遣会社にお願いしておきましょう。

●派遣社員の受け入れ対応

派遣社員を受け入れるに当たっては、いくつかの準備をしておく必要があります。まず「派遣先管理台帳」を作成しなければなりません。この台帳は派遣契約終了から3年間は保管をしておく必要があります。その他、下記の書類についてはしっかりと管理しておくことが大切です。

- 労働者派遣基本契約書
- 労働者派遣（個人別）契約書
- 派遣通知書
- 派遣受け入れ期間の抵触日に関する通知書
- 派遣会社と派遣労働者間での36協定のコピー

また、派遣先企業としては、「派遣先責任者」を定めておかなければなりません。これは人事・労務担当の責任者がなる場合が多いと思われます。

当然、派遣社員が出社したら速やかに仕事をしてもらうための準備も怠るべきではありません。机、椅子、ＰＣなど、仕事をする上

で必要なものは前日までに準備をしておくとともに、出社初日については、新入社員の受け入れと同じように、その会社の概要説明や利用施設の案内などは差別することなく行なっていくべきでしょう。

●派遣社員活用に際しての注意点

派遣社員は、給与面や社会保険対応など労務的な取り組みは、派遣会社が担ってくれるわけですが、その責任の所在がすべて派遣会社だと思ったら大違いです。

日常における派遣社員に対しての指揮命令権は派遣先企業に存在するのですから、派遣会社（派遣元）がすべてを掌握できるものではありません。

労働契約内容や賃金面などは派遣元が責任を持ちますが、下表の通り、主に労働時間などに関しては派遣先企業の責任において取り扱われることとなります。

```
◎労働基準法上での派遣元と派遣先の責任の所在
 派遣元：労働契約、賃金、年次有給休暇、災害補償など
 派遣先：公民権行使、労働時間、休憩、休日、時間外労働
    （ただし36協定は派遣元）など
```

また、例えばセクシュアルハラスメントなどが発生した場合には、派遣先の責任で対応をしなければなりません。加えて、公益通報者保護法上では、派遣社員も内部告発ができる者と認められています。従って、派遣先会社としてもそれに対しては責任ある対応をとることが求められます。

前述しましたが、派遣社員は、契約上、業務が限定されています。

派遣社員に何をしてもらうかについても注意が欠かせません。

例えば、専門26業務のうちのファイリング事務で派遣社員を受け入れているところは多いと思いますが、ファイリングのみの契約となっている派遣社員に来客対応でお茶を出してもらうことなども、アウトになります。

「お茶ぐらいいいじゃないか」という声が聞こえてきそうですが、このあたりは厳しく、原則論としては別契約を結ばない限り認められません。気が利く人で、率先してそうしたことをやってくれる派遣社員も中にはいるかもしれませんが、それはラッキーなことで、それが当たり前と思ってはダメです。

また、派遣社員には現金は扱わせないほうが無難でしょう。万が一事故が起きた場合、派遣元との責任案分など面倒なことになります。

それから、勤怠上、遅刻や欠勤が目につくようであったり、言動・行動などに問題があり、業務に支障をきたしそうな場合には、早めに派遣会社に相談をしていくべきです。事実関係をしっかりと説明すれば人の入れ替えも受けてくれるはずです。

そういう意味からも、**派遣会社の担当者とは日頃から密に情報交換をしておくことが何かにつけ役に立つ**ものであると思われます。

43 落とし穴に注意！就業規則作成のコツ①

会社の憲法である就業規則を正しい知識でつくる

　2章で述べた通り、就業規則は、従業員との間の労働契約機能を持つことになります。従って、就業規則に記載した事柄は、基本的に従業員との約束事であると理解をしておかねばなりません。下手なことが余分に書いてあったり、必要なことが記載されていなかったりすると、労務リスクとして顕在化することになりかねません。就業規則を作成するには、労働法規を十分に意識しながら万全の構えで取り組むことが必要です。

●就業規則制定手順

　常時10名以上の従業員を雇用している状態の会社では、就業規則を作成し、一定書式による「就業規則届」（表63）とともに労働基準監督署に届出をしなければなりません。また作成に当たっては、労働組合あるいは従業員過半数代表からの意見を聴取することが求められています。
　この「意見書」（表63）についても労働基準監督署に合わせて提出します。この意見はただ聴くだけでよく、それに対する返答も必要ありませんし、もし「当就業規則は認められない」といった意見だったとしても、そのまま労働基準監督署に提出をすれば効力を失うことはありません。労働基準監督署に届出をしたら、提出書類に受領印をもらいます。

表63 就業規則届と意見書のサンプル

意見書

平成23年○月△日

代表取締役社長　佐藤浩二　殿

平成23年○月○日付をもって意見を求められた就業規則案について、下記の通り意見を提出致します。

記

意見は特にありません。

以上

職名　開発部
労働者代表氏名　鈴木　正一　㊞

(投票による)

就業規則（変更）届

平成23年○月△日

新宿労働基準監督署長殿

今回、別紙の通り当社の社員就業規則、賃金規程、退職金規程、慶弔見舞金規程を制定いたしましたので、意見書を添えて提出いたします。

改正内容・・・　新規作成

本社

労働保険番号	都道府県	所轄	管轄	基幹番号						枝番号		
	13	1	08	0	1	0	0	0	0	0	0	0

事業場名	かぶしきがいしゃさとうでんき
	株式会社佐藤電機
所在地	東京都新宿区新宿○-○-○
	℡ 03-1234-5678
代表者職氏名	代表取締役社長　佐藤浩二　㊞
業種・労働者数	製造業　　　　12人

以上

また、就業規則の有効性を担保するためには、従業員への周知義務というものが課せられています。これは就業規則を従業員の目に常に触れさせることができる状態にしておくということです。一番確実なのは従業員全員への配布ですが、そこまでしなくとも、会社内の見やすい場所に掲示をするか、あるいは従業員がいつでも見ることのできる場所に備え付けておくということでも問題ありません。

　また、これに加えた周知方法として、「磁気テープ、磁気ディスク、その他これらに準ずるものに記録し、各作業場に当該記録の内容を常時確認できる機器を設置し、労働者が必要なときに容易に見ることができるようにしておくこと」でもよいとされていますので、LANでつながっている社内のサーバー内に、就業規則のファイルを置き、いつでもどのパソコンからも閲覧できるようにしておくという方法でもかまいません。
　就業規則が周知された状態になっているとは認められない場合には、無効となる可能性もありますので注意が必要です。

　就業規則に記載をするべきことは、労働基準法に定められています(表64)。その大半は労働契約書に記載すべきことと重複しますが、一部差異のある部分もあります。
　就業規則は、付属規程を設けていくのが一般的です。付属の諸規程としては、賃金規程、退職金規程、育児・介護休業規程、賞罰規程、人事制度規程、通勤規程、慶弔金規程などがあります。もちろん、付属規程を必ず設けなければならないというものではありません。従業員規模が小さく内容も必要最低限のものにするというのであれば、就業規則の本編に全部を盛り込んでもなんら問題ありません。

●個別の労働契約との関係

ところで、採用したときに渡した労働契約書と就業規則の関係はどう捉えればよいでしょうか。結論から言えば、個々の労働契約の内容については、基本的に就業規則に規定されたことに従わなければなりません。

つまり、就業規則は個別労働契約の上位に位置付けられるわけです。ただし、労働条件上、就業規則に規定された内容よりも水準が上回るものについては、個別の契約書の内容は、効力を持ち続けます。例えば、就業規則には週38時間労働と記載されているのに、個別の労働契約では週40時間となっている場合には、その労働契約は週40時間を週38時間に読み替えていかなければなりませんが、逆に個別の労働契約における労働時間が週36時間であった場合には、このまま個別契約の水準である36時間が適用されることになります。

表64　就業規則に掲載すべき事項

絶対的記載事項	①始業・終業時刻、休憩時間、休日、休暇、交代勤務させる場合の就業時転換に関する事項、②賃金の決定、計算および支払の方法、賃金の締め切りおよび支払の時期、昇給についての事項、③退職に関する事項（解雇の事由も含む）
相対的記載事項	①退職手当、②賞与、臨時に支払われる賃金および最低賃金、③労働者の負担となる食費、作業用品、④安全衛生、⑤職業訓練、⑥災害補償および業務外傷病扶助、⑦表彰および制裁、⑧旅費、休職など労働者のすべてに適用される定めを置く場合はその事項

44 落とし穴に注意！就業規則作成のコツ②

就業規則を万全の状態にして労務リスクをシャットアウト

　この項では、就業規則に不備があった場合には労務リスクの生じる可能性があるということの具体例をいくつか紹介していきたいと思います。

●パートタイマーを適用除外にしていない

　中小企業では、正社員用の就業規則をひとつ用意しておくだけで、パートタイマーやアルバイトを実際に雇っていても、パートタイマー用、アルバイト用の就業規則を別に設けているところは少ないのではないでしょうか。こうした場合には、就業規則に下記のような適用除外の条文を設けておき、別途パートタイマー用の就業規則を用意していくべきです。

> 第○条　この規則は、第○条に定める手続きにより採用された社員に適用するものである。ただし、期間を定めて雇用するパートタイマーおよびアルバイトについては、この規則を適用せず、パートタイマー就業規則の規定に従うものとする。

　もし、こうした条文がなく、別枠でパートタイマー用の就業規則等も作成しておかない場合、社員用につくったつもりの就業規則に、パートタイマーやアルバイトについても適用されることとなり、下手をすれば労働条件についても正社員と同じ取り扱いにしなければ

ならなくなる可能性があります。

●入社に際して必要書類の提出期限を規定していない

　入社時に提出させる必要書類については、たいていの就業規則に記載されていますが、この書類の提出期限が規定されていないものをよく見かけます。必要書類なのに提出が遅れると手続きに支障をきたすことになります。

　こうしたトラブルを防ぐために、例えば「上記の書類を入社日までに提出しない場合には、雇用の打ち切りをすることがある」などの文言を条文内に記載しておきます。また、当該新入社員にはあらかじめ通知書などで同様の内容を伝えておくようにします。

●試用期間の位置付けが不明確

　試用期間は、採用した者が会社に適応することができるか否かを見極めるためのものですので、不適格者については、退社をしてもらう可能性を踏まえておく必要があります。そのためには、試用期間中に不適格と判断した場合には解雇する旨を記載しておかなければなりませんが、よくこの表現が洩れている就業規則を見かけます。この表現がないと試用期間中の解雇は困難になります。

> 第○条　新規採用された者は、原則として入社後３ヶ月間を試用期間とする。試用期間は、必要に応じて、延長し、短縮し、または適用しない場合がある。
> 　　　　試用期間中、または試用期間満了の際、社員として引き続き勤務させることが不適当と認められる場合は解雇する。

　また、試用期間中に観察し、やや疑問が残るのでもう少し観察を

続けたいということがあるかもしれません。こうした場合には、試用期間の「延長の可能性」についても、就業規則に盛り込んでおいたほうが賢明です。

●服務規律規定に不備がある

服務規律は、社内において従業員に守らせるルールです。このルールについても、できるだけ具体的に、かつ洩れなく記載をしておいたほうが、いざというときに役立ちます。このルールを破ったことでペナルティを課したり、損害賠償を請求していくような場合のためにも、こうしたルールは明確にしておく必要があります。

会社の損害をできるだけ出さないという観点で、必ず入れておきたい服務規律事項として競業避止義務があります。競業避止義務とは、従業員が退職した後の一定期間、競合他社への就職を禁止し、顧客情報の持ち出しや知的財産権の侵害を防ぐためのものです。これに違反し会社が損害を受けたら、損害賠償や退職金返還を求めていくべきものですが、就業規則にその記載がないと、こうした損害賠償や退職金返還請求を行なっていくことができません。
また守秘義務についても、同様の理由から必ず記載をしておくべきです。

●懲戒事由規定に不備がある

前段と同様のことは、懲戒に関する規定における懲戒事由にも言えることです。懲戒規定は刑法における罪刑法定主義を準用するものであり、どんな事由、つまり罪に対してのものかを明確にしなければ、懲戒することはできないことになっています。できるだけ具

体的に懲戒事由は列挙しておきたいところです。

　特に懲戒解雇事由は、社会人として死刑宣告をするようなものですので、なぜ懲戒解雇なのかの根拠をしっかりと定め、一点の曇りもない状態としておくことが、リスクを最小限にしていきます。

　また、懲戒解雇の場合、退職金は不支給としたいと思うのが、普通の経営者の心情でしょう。しかしながら、この点については、もし就業規則にその旨を記載しておかなければ、退職金を支給せざるを得ないというのが法解釈となります（ただし記載をすれば必ず不支給にできるわけでもありません。この点は懲戒事由の重大さに応じて判断されることになります）。

> 第◯条　第◯条に定める懲戒解雇の処分を受けた者については、退職金を支給しない。ただし事情により減額して支給することがある。

●労働時間関連で注意が必要なこと

　始業時刻と終業時刻については「業務の都合により変更することができる」旨を必ず記載しておきます。これがないと、例えば勤務時間を午前9時から午後6時と規定したら、それ以外の時間帯での労働は一切認められないこととなってしまします。

　また、時間外労働に関する条文も必ず記載してください。時間外労働をさせるには36協定だけを締結すればよいというものではありません。**就業規則に時間外労働をさせることができる根拠を設ける必要があります**。これがないと時間外労働をさせることができなくなりますので、ご注意ください。

7章
退職・解雇

45 手堅く行なおう！ 退職手続き①　労働保険および社会保険
46 手堅く行なおう！ 退職手続き②　その他
47 中小企業に合った退職金の支払い方
48 しっぺ返しをくらわない！
　　健康を害した労働者の辞めさせ方
49 リスクをシャットアウト！
　　勤怠不良、成績不良の労働者の辞めさせ方
50 締めが肝心、解雇手続きのしかた

7

手堅く行なおう！ 退職手続き①
45 労働保険および社会保険
資格喪失に際して、さまざまな手続きが生じる

　この項では労働保険（雇用保険）および社会保険に関連した従業員退職時の諸手続きについてご紹介をしていきます。

●雇用保険の資格喪失手続き

　雇用保険に関する被保険者の資格喪失手続きとしては、「雇用保険被保険者資格喪失届」（表66）および「雇用保険被保険者離職証明書」（表67）をハローワークに提出します。この離職証明書を提出することで、「離職票」が発行されます。離職票は、失業手当（基本手当）をもらうときに必要となります。なお、離職票は、本人が希望しなければ発行依頼をしなくてもよいことになっています。ただし、退職して時間が経った後にその発行を求めてきたら交付手続きを行なわなければなりませんので、ご注意ください。

　離職証明書を記載する上で重要な点は、離職理由です。離職証明書の右半分はそのまま離職理由欄となっています。選択肢がありますので、該当するものにチェックをします。この離職理由の内容によって基本手当の給付方法が異なってきます。
　例えば離職理由を自己都合とした場合には、給付が3ヶ月間制限されることになってしまいますし、また所定給付日数（雇用保険の基本手当〈失業手当〉を受給することができる日数。要件によって変動する）にも影響を及ぼすことになります。労働者から異議申し

立てを受ける場合もあり、トラブルとなりがちなところですので、記載は慎重に行ないましょう。

●社会保険の資格喪失手続き

社会保険に関する被保険者の資格喪失手続きとしては、「健康保険・厚生年金保険被保険者資格喪失届」を年金事務所および健康保険組合に提出していきます。提出の際には、健康保険証を添付します。扶養家族がいる場合はその健康保険証も一緒に添付することをお忘れなく。

社会保険関係の資格喪失日は、退職する日の翌日ということになります。月末を退職日とすることは多いと思いますが、例えば3月31日を退職日とすると資格喪失日は4月1日となります。社会保険料の徴収は、資格喪失日の属する月の前月までということになっていますので、3月31日退職とすると、3月分の社会保険料は支払の必要が生じます。従って、退職日が月末の場合には、前月分と当月分の2ヶ月分（例えば3月31日退職のときは2月分と3月分）をまとめて納付することになります。

なお、中には健康保険証を失くしてしまったという人も出てくるかもしれません。こうした場合には、「健康保険被保険者証回収不能・滅失届」を資格喪失届と一緒に提出していきます。

退職後の健康保険ですが、退職時に次の転職先に間を空けずに移る場合には、転職先の健康保険に加入すればよいので問題はありませんが、仮にしばらくは失業中ということになるときには、選択肢が2通りあります。

ひとつは、国民健康保険（国保）に加入する方法です。これはその労働者の居住地の市区町村で手続きをしていくことになります。

もうひとつは、従来の健康保険の任意継続被保険者になるという方法です。任意継続被保険者には、資格喪失日の前日までに継続して２ヶ月以上の被保険者期間を有する者がなれます。最大で２年間は継続加入が可能となります。任意継続被保険者になるためには退職日の翌日から20日以内に手続きをします。任意継続被保険者の保険料については、在職中には会社が折半で負担していた分までを全額負担する必要があります。

　国民健康保険の加入者になるのと任意継続被保険者になるのとどちらが有利かは一概に言えません。市区町村の保険料率設定や扶養者の数などにより国民健康保険料は変わってきますので、退職者には早々に窓口に確認をしておくように教えてあげてください。

　なお、離職をして失業される方あるいは独立される方などは、年金については市区町村窓口にて国民年金に加入する必要がでてきますので、合わせてお教えください。

表65　健康保険・厚生年金保険被保険者資格喪失届のサンプル

資格喪失原因は退社であれば「その他4」に○をする

表66 雇用保険被保険者資格喪失届のサンプル

7章 退職・解雇

- 喪失原因は通常の退社であれば「2　3以外の離職」を選ぶ
- 離職票を交付したい場合は1を記入

帳票種別：11119　1 資格喪失届

1. 被保険者番号：1234-567890-1
2. 事業所番号：4321-098765-1
3. 資格取得年月日：4-240401（平成）
4. 離職等年月日：4-××0331
5. 喪失原因：2（2 3以外の離職）
6. 離職票交付希望：1（有）

10. 被保険者氏名：ヤマダ　タロウ　山田　太郎
11. 性別：男
12. 生年月日：昭和61年4月1日
13. 被保険者の住所又は居所：東京都中野区中野△-△-△
14. 事業所名称：株式会社佐藤電機
16. 被保険者でなくなったことの原因：転職のため
17. 1週間の所定労働時間：（　）時間（　）分

事業主　住所　東京都新宿区新宿○-○-○
　　　　氏名　株式会社佐藤電機
　　　　　　　代表取締役社長　佐藤浩二
　　　　電話番号　03-1234-5678

表67 雇用保険被保険者離職証明書

様式第5号

雇用保険被保険者離職証明書（安定所提出用）

①被保険者番号	1234-567890-1	③フリガナ	ヤマダ　タロウ	④離職年月日	平成 ×× 3 31
②事業所番号	4321-098765-1	離職者氏名	山田　太郎		

⑤	名称	株式会社佐藤電機	⑥	〒1△△-0000
	事業所所在地	東京都新宿区新宿○-○-○	離職者の住所又は居所	東京都中野区中野△-△-△
	電話番号	03-1234-5678		電話番号（03）0000-0000

この証明書の記載は、事実に相違ないことを証明します。
住所 東京都新宿区新宿○-○-○
事業主　株式会社佐藤電機
氏名 代表取締役社長　佐藤浩二　㊞

※離職票交付　平成　年　月　日（交付番号　　　　番）　離職票受領

離職の日以前の賃金支払状況等

⑧被保険者期間算定対象期間		⑨⑧の期間における賃金支払基礎日数	⑩賃金支払対象期間	⑪⑩の基礎日数	⑫賃金額Ⓐ	
Ⓐ一般被保険者等 離職日の翌日	短期雇用特例被保険者 離職日 月日					
3月 1日～離職日	離職月	31日	3月 1日～離職日	31日	200,100	
2月 1日～ 2月28日	月	28日	2月 1日～ 2月28日	28日	200,100	
1月 1日～ 1月31日	月	31日	1月 1日～ 1月31日	31日	200,100	
12月 1日～12月31日	月	31日	12月 1日～12月31日	31日	204,500	
11月 1日～11月30日	月	30日	11月 1日～11月30日	30日	200,100	
10月 1日～10月31日	月	31日	10月 1日～10月31日	31日	200,100	
9月 1日～ 9月30日	月	30日	9月 1日～ 9月30日	30日	204,500	
8月 1日～ 8月31日	月	31日	8月 1日～ 8月31日	31日	200,100	
7月 1日～ 7月31日	月	31日	7月 1日～ 7月31日	31日	200,100	
6月 1日～ 6月30日	月	30日	6月 1日～ 6月30日	30日	200,100	
5月 1日～ 5月31日	月	31日	5月 1日～ 5月31日	31日	200,100	
4月 1日～ 4月30日	月	30日	4月 1日～ 4月30日	30日	200,100	
3月 1日～ 3月31日	月	31日	3月 1日～ 3月31日	31日	200,100	

注記：
- 被保険者期間算定対象期間は離職日から1ヶ月ずつさかのぼっていった期間
- 賃金支払対象期間は賃金締め日翌日から締め日までの期間

⑭賃金に関する特記事項

⑮この証明書の記載内容（⑫欄を除く）は相違ないと認めます。（記名押印又は自筆による署名）
（離職者）氏名　㊞

※公共職業安定所記載欄
　⑮欄の記載　有・無
　⑯欄の記載　有・無
　資・聴　　　有・無

社会保険労務士記載欄　｜平成年月日提出代行者事務代理者の表示｜氏　名｜電話番号｜㊞

※ 所長　次長　課長　係長　係

7章 退職・解雇

⑦離職理由欄…事業主の方は、離職者の主たる離職理由が該当する理由を1つ選択し、左の事業主記入欄の□の中に○印を記入の上、下の具体的事情記載欄に具体的事情を記載してください。

【離職理由は所定給付日数・給付制限の有無に影響を与える場合があり、適正に記載してください。】

事業主記入欄	離職理由	※離職区分
□	1 事業所の倒産等によるもの 　(1) 倒産手続開始、手形取引停止による離職	1 A
□	(2) 事業所の廃止又は事業活動停止後事業再開の見込みがないため離職	1 B
□	2 定年、労働契約期間満了等によるもの 　(1) 定年による離職（定年　　歳）	2 A
□	(2) 採用又は定年後の再雇用時等にあらかじめ定められた雇用期限到来による離職	2 B
□	(3) 労働契約期間満了による離職 　　① 一般労働者派遣事業に雇用される派遣労働者のうち常時雇用される労働者以外の者 　　　（1回の契約期間　　箇月、通算契約期間　　箇月、契約更新回数　　回） 　　　（契約を更新又は延長することの確約・合意の　有・無　（更新又は延長しない旨の明示の　有・無）） 　　　　　　　　　　　　　　　｛を希望する旨の申出があった 　　　労働者から契約の更新又は延長｛を希望しない旨の申出があった 　　　　　　　　　　　　　　　｛の希望に関する申出はなかった 　　　a 労働者が適用基準に該当する派遣就業の指示を拒否したことによる場合 　　　b 事業主が適用基準に該当する派遣就業の指示を行わなかったことによる場合（指示した派遣就業が取りやめになったことによる場合を含む。） 　　　（aに該当する場合は、更に下記の4のうち、該当する主たる離職理由を更に1つ選択し、○を記入してください。該当するものがない場合は下記の5に○を記入した上、具体的な理由を記載してください。） 　　② 上記①以外の労働者 　　　（1回の契約期間　　箇月、通算契約期間　　箇月、契約更新回数　　回） 　　　（契約を更新又は延長することの確約・合意の　有・無　（更新又は延長しない旨の明示の　有・無）） 　　　（直前の契約更新時に雇止め通知の　有・無） 　　　　　　　　　　　　　　　｛を希望する旨の申出があった 　　　労働者から契約の更新又は延長｛を希望しない旨の申出があった 　　　　　　　　　　　　　　　｛の希望に関する申出はなかった	2 C 2 D 2 E 3 A 3 B 3 C 3 D 4 D
□	(4) 早期退職優遇制度、選択定年制度等により離職	5 E
□	(5) 移籍出向	
□	3 事業主からの働きかけによるもの 　(1) 解雇（重責解雇を除く。）	
□	(2) 重責解雇（労働者の責めに帰すべき重大な理由による解雇）	
□	(3) 希望退職の募集又は退職勧奨 　　① 事業の縮小又は一部休廃止に伴う人員整理を行うためのもの	
□	② その他（理由を具体的に　　　　　　　　　　　　　　　　　）	
	4 労働者の判断によるもの 　(1) 職場における事情による離職	
□	① 労働条件に係る重大な問題（賃金低下、賃金遅配、過度の時間外労働、採用条件との相違等）があったと労働者が判断したため	
□	② 就業環境に係る重大な問題（故意の排斥、嫌がらせ等）があったと労働者が判断したため	
□	③ 事業所での大規模な人員整理があったことを考慮した離職	
□	④ 職種転換等に適応することが困難であったため（教育訓練の　有・無）	
□	⑤ 事業所移転により通勤困難となった（なる）ため（旧（新）所在地：　　　　　　）	
□	⑥ その他（理由を具体的に　　　　　　　　　　　　　　　　　）	
⦿	(2) 労働者の個人的な事情による離職（一身上の都合、転職希望等）	
□	5 その他（1-4のいずれにも該当しない場合） 　　（理由を具体的に　　　　　　　　　　　　　　　　　）	

具体的事情記載欄（事業主用）

　　転職のため

⑩離職者本人の判断（○で囲むこと）
事業主が○を付けた離職理由に異議　有り・無し

記名押印又は自筆による署名（離職者氏名）　　　　㊞

離職理由の選択および記入はあとからトラブルとならないように事実に基づいて行なう

201

46 手堅く行なおう！ 退職手続き②
その他
退職金・最終月給与の支給、退職証明書発行、人事データ変更など

　退職時には、社会保険や労働保険以外にもさまざまな事務手続きが生じます。退職金制度のある会社では、退職金の支払いをしなければなりません。これについては、支給日を決め、支給明細とともに本人に通知をします。また、同様に最終月の給与計算も行なうことになりますが、賃金計算期間の期中に退職する場合には、日割りにて計算をする必要が出てきますので、間違いのないように対応しましょう。

　退職に際して返却をしてもらうものは、返却要請リストをつくり、本人に渡します。通常考えられるものとしては、健康保険証、社員証、社章、名刺、ユニフォーム、会社貸与の携帯電話、会社貸与のパソコン、セキュリティカードなどがあります。回収できたかをチェックするためのチェックリストも事前に用意しておき、これで確認していくとよいでしょう。

　また、本人が希望する場合には、退職証明書を渡す必要があります。これは、法令でも定めていることです。

> **労働基準法第22条1項**　労働者が退職の場合において、使用期間、業務の種類、その事業における地位、賃金または退職の事由について証明書を請求した場合においては、使用者は遅滞なくこれを交付しなければならない。

　退職証明書については、表68のような体裁のものを発行してい

きます。

　退職者にとって何をすべきか手探りになると思われますので、退職に当たっては、説明会または退職手続きに関する面談といったものを実施してあげると大変親切です。ここまで述べたことも、この機会を通して伝えていきましょう。

　このほか、例えば、組織図からの削除、労働者名簿の退職事項追記など各種人事データの変更についても、忘れずに対応をしてください。

表68　退職証明書のサンプル

退 職 証 明 書

山田　太郎　殿

　以下の事由により、貴殿は当社を平成××年3月31日付にて退職したことを証明します。

　　　　　　　　　　　　　　　　　　平成××年3月31日

　　　　　　　　　　　住　所　東京都新宿区新宿〇-〇-〇
　　　　　　　　　　　名　称　株式会社佐藤電機
　　　　　　　　　　　代表者　代表取締役社長　佐藤　浩二

退職事由
　①　あなたの自己都合による退職
　2)　当社の勧奨による退職
　3)　定年による退職
　4)　契約期間の満了による退職
　5)　転籍による退職
　6)　その他(具体的には　　　　　　　　　　)による退職
　7)　解雇(具体的には下記の事由)による退職
　　　①天災その他やむを得ない理由による解雇
　　　②事業縮小等当社の都合による解雇
　　　③職務命令に対する重大な違反行為による解雇
　　　④業務についての不正な行為による解雇
　　　⑤相当長期間にわたって無断欠勤をしたことによる解雇
　　　⑥その他(具体的には　　　　　　　　)による解雇

47 中小企業に合った退職金の支払い方

原資調達方法と退職金額決定方法の両面から制度内容を考える

　まず、最初にお伝えしたいのは、退職金はどうしても設けなければならないものではないということです。退職金という形ではなく、月例賃金や賞与にて報いていくという考え方も中小企業では当然にあると思います。そうしたことも了解の上、やはり従業員のモチベーションを考えたら、退職金制度が必要だと考えるのであれば、企業体力に応じた分相応の退職金制度を設計していくべきです。

　退職金は、一度に大変大きな額の支払いが発生するものですので、取り組み方を間違えると企業に大きなダメージを与えるものになります。そうならないための制度設計を考えなければなりません。

　退職金制度を検討するには、2つの要素に分けて考えていく必要があります。ひとつは原資調達方法、もうひとつは退職金額決定方法です。この2つを組み合わせることで退職金制度の基本的な枠組みができてきます。

●原資調達方法

　原資調達方法としては、従来、各金融機関を介して適格退職年金制度を利用する企業が多かったと思いますが、この適格退職年金制度はすでに廃止されており、既存の適格退職年金制度を使っているところも平成24年3月までに他の制度に移行しなければならなくなっています。

この移行先という意味でも、中小企業にとって、最も使い勝手がよいと思われるのが、「中小企業退職金共済制度（中退共）」です。これは中小企業しか加入できない制度であり、多くのメリットを持っています。

　中退共は、勤労者退職金共済機構との退職金共済契約を締結していくことで利用する制度で、その特長としては以下の点があげられます。

① 掛金が全額損金算入される
② 掛金は毎月一定額で5,000円（短時間労働者は2,000円）から30,000円までの幅を持ち自由に設定できる。掛金の増減額も可能である（ただし減額には従業員同意が必要）
③ 国からの助成制度がある
　（初加入の企業に対しては、加入後4ヶ月目から1年間、掛金月額の2分の1（上限5,000円）を助成。また掛金を増額した場合には、1年間だけ増額部分の3分の1を助成）
④ 転職先が中退共に加入していれば、継続加入ができる

ただし、以下のようなデメリットもあります。

① 懲戒解雇をしたような場合でも、支給が前提となる。支給しないようにしても会社には返金されない
② 自己都合退職の場合でも実質的に減額できない
③ 1年未満は掛け捨てとなる

　中退共は、基本的に従業員一人ひとり個人別にファンドを持っているような仕組みとなっています。つまり個々の預金口座をつくってそこに積み立てていくようなイメージです。このようなことから、

会社のものというよりは、支払った段階で従業員のものになっているという性質を持っています。

　従って、資金繰り上、退職金用のファンドを一時的に使って急場をしのぐというようなことはできません。だからこそ従業員に支払わなければならない原資がしっかりと確保できるわけです。

●退職金額決定方法

　退職金額の決定方法で、従来より多くの中小企業で利用されているのが基準給与額連動方式です。これは退職時の基準給与額に一定の率を乗じて退職金額を算出するものです。

　しかし、この方式は退職時の基準給がベースとなりますので、従来の年功序列賃金のうちは機能していたものの、今日では、退職時には基準給が大きく目減りした状態となることが多い中、矛盾をきたしてしまうところがあります。

　これに対して、基準給与額非連動型のものとしては、「定額方式」「別テーブル方式」「ポイント方式」などがあります。

　「定額方式」は、表69にあるように、勤続年数に応じて退職金額を決定する方法で、もっともシンプルなものです。運用も極めて楽なので中小企業には向いていると言えるかもしれません。ただし、これでは個人別の貢献度合いを反映させることができないという難点があります。

　この難点を補正する形のものが「別テーブル方式」です。別テーブル方式は、勤続年数別テーブルに資格等級や役職などの貢献要素を加味した支給率を設けて、退職金額を算定していくやり方です（表70）。運用も比較的シンプルなので、バランスのとれた方式と言う

ことができるかと思います。

ただしこの方式もデメリットはあります。あくまでも退職時の等級や役職のみを基準とするために、長い間の企業に対する貢献プロセスを見ることができないのです。

貢献のプロセスまでを組み込んだものが、「ポイント方式」です。これは職能等級毎にポイントをつけ、毎年のポイントを積み上げていくものです。例えば、最初の２年間は３等級だったのでそれぞれ10ポイント、次の３年間は４等級だったのでそれぞれ15ポイントが付与され、５年間の累計で65ポイントが蓄積されるという具合に計算していきます。

そして、この累計ポイント数にあらかじめ設置しておいたポイント単価を乗じることで退職金額を算出していきます。

ポイント方式は、毎年の貢献度合いを汲み上げていくことができますので、最も合理性の高い方式と言えます。しかしながら、ポイント管理を社内でしっかりとする必要があり、運用が複雑になります。小規模企業での運用は少し難しいかもしれません。

以上、３つの方式をご紹介しましたが、これらはいずれも確定給付型の退職金額決定方法ということになります。つまり、事前に一定のルールに基づいて、退職時に支払う退職金額を決めているものです。

確定給付型は、もし予定していた運用利回りが大幅に下回ってしまい原資が足りなくなったといっても、一定額を支払う約束をしているので、なんとしても資金を調達してこなければなりません。

これに対して、毎年の拠出額を決めておき、いくら給付されるかは約束しないというものに確定拠出型と呼ばれる方法があります。

確定拠出年金（通称：日本版401k）などは、この確定拠出型の

典型です。実は、先ほどご紹介した中退共も、その構造としては確定拠出型で使えます。中退共利用を前提として、確定拠出型にするには、退職金規程に「退職金額は、中小企業退職金共済法の定めに基づいて決定する」という条文を盛り込んでおきます。こうしておくことで、中退共で毎月拠出していった掛金の結果として中退共から支払われる金額自体を退職金とすることができるわけです。

　中退共は確定給付型として利用することも当然できます。ただ、その場合には、もし規定してある退職金額よりも中退共で調達される金額が少ないときには、その差額を会社が補てんしなければならなくなります。

　逆に規定退職金額よりも中退共からの金額が多いときには、その

表69　定額方式のサンプル

(円)

勤続年数	自己都合	会社都合・定年	勤続年数	自己都合	会社都合・定年
1	0	0	21	2,400,000	3,600,000
2	0	0	22	2,600,000	3,900,000
3	200,000	300,000	23	2,800,000	4,200,000
4	250,000	375,000	24	3,000,000	4,500,000
5	300,000	450,000	25	3,300,000	4,950,000
6	350,000	525,000	26	3,600,000	5,400,000
7	400,000	600,000	27	3,900,000	5,850,000
8	450,000	675,000	28	4,200,000	6,300,000
9	500,000	750,000	29	4,500,000	6,750,000
10	600,000	900,000	30	4,800,000	7,200,000
11	700,000	1,050,000	31	5,100,000	7,650,000
12	800,000	1,200,000	32	5,400,000	8,100,000
13	900,000	1,350,000	33	5,700,000	8,550,000
14	1,000,000	1,500,000	34	6,000,000	9,000,000
15	1,200,000	1,800,000	35	6,300,000	9,450,000
16	1,400,000	2,100,000	36	6,600,000	9,900,000
17	1,600,000	2,400,000	37	6,900,000	10,350,000
18	1,800,000	2,700,000	38	7,200,000	10,800,000
19	2,000,000	3,000,000	39	7,500,000	11,250,000
20	2,200,000	3,300,000	40	7,800,000	11,700,000

多いままの額が退職者に支給されることになります。このように考えると、中退共を、確定拠出型の運用で利用するというやり方は、資金力の弱い中小企業にとって、最も安全な選択肢だと考えることができます。

表70　別テーブル方式のサンプル

勤続年数	退職金基礎額(円)	自己都合退職の資格等級別支給率					会社都合・定年退職の資格等級別支給率				
		1級	2級	3級	4級	5級	1級	2級	3級	4級	5級
1	0	—	—	—	—	—	—	—	—	—	—
2	0	—	—	—	—	—	—	—	—	—	—
3	200,000	0.7	0.75	0.8	0.85	0.9	1.05	1.125	1.2	1.275	1.35
4	250,000										
5	300,000										
6	350,000										
7	400,000	0.8	0.85	0.9	0.95	1.0	1.2	1.275	1.35	1.425	1.5
8	450,000										
9	500,000										
10	600,000										
11	700,000										
12	800,000										
13	900,000										
14	1,000,000										
15	1,200,000										
16	1,400,000	0.9	0.95	1.0	1.05	1.1	1.4	1.425	1.50	1.575	1.65
17	1,600,000										
18	1,800,000										
19	2,000,000										
20	2,200,000										
21	2,400,000										
22	2,600,000										
23	2,800,000										
24	3,000,000										
25	3,300,000										
26	3,600,000	1.0	1.05	1.1	1.15	1.2	1.5	1.575	1.65	1.725	1.8
27	3,900,000										
28	4,200,000										
29	4,500,000										
30	4,800,000										
31	5,100,000										
32	5,400,000										
33	5,700,000										
34	6,000,000										
35	6,300,000										
36	6,600,000										
37	6,900,000										
38	7,200,000										
39	7,500,000										
40	7,800,000										

※退職金基礎額 × 資格等級別支給率により支給額を決定します。資格等級は会社退職時のものです。

48 しっぺ返しをくらわない！健康を害した労働者の辞めさせ方

休職期間満了時にタイミングを外さず退職手続きをする

　従業員が業務外の傷病により療養のための欠勤をしている場合は、療養休職を命じて一定の休職期間をとっていくわけですが、この一定期間を満了した段階でも治癒せず、就労することが困難な場合においては、退職をしてもらわざるを得ません。

　中小企業の経営者の中には「病気の者は退職または解雇にできないのではないか」と勘違いをしている方が結構います。しかし、これはあくまで勘違いです。
　業務上災害、いわゆる労災が原因で療養休業している場合には、労働基準法で解雇が禁止されていますが、このことと混同しないようにしましょう。

　業務外傷病が原因での療養に関しては、なんら法的規制はありません。本来、療養休職期間を設けるということすら法は要請していないのです。従って、休職期間満了でお辞めいただくことに支障はありません（ちなみに、退職事由のひとつとして「休職期間が満了しても休職事由が解消しないとき」ということは就業規則に必ず載せておきましょう）。
　しかしながら、長らく雇用を続けた方に病気が理由で辞めていただくというのは、心情的になかなか思い切れるものではなく、踏ん切りがつかないまま雇用を維持するということをよく耳にします。人情からすれば、気持ちはよくわかります。

ただ、これは最もトラブルになりやすいケースです。なぜなら、退職の事由として「休職期間満了時」というものを設けていたのに、満了時を過ぎてしまったら、退職をさせるタイミングが失われてしまい、労務トラブルの大きな火種となるからです。

就労することができない労働者を、延々と抱え続けることは、たとえ給与は支給しないとしても、新たな要員を補充していくめどを立てづらくなり、労働力の活性化という観点では大きなマイナスとなります。従って、**相当に企業体力のある会社でもない限り、タイミングを外さずに退職の手続きに入っていくべき**です。

療養している者に辞めてもらうということを伝えるのは、慎重かつ誠意を持った伝え方が必要です。当然、書面を郵送で送りつけるといった事務的な対応では足りず、相手先に訪問をして面と向かって話し合いをするべきです。この場合相手から「もう少し会社に置いて欲しい」と懇願されることも十分考えられます。会社の事情を相手にしっかりと伝え、説得はできないまでも、理解をしてもらうよう努力をしていくべきです。

なお、以上のように休職満了を経て退職させるという流れを基本としますが、状況により解雇をする必要がでてくる場合もあるかもしれませんので、解雇事由にも「身体の健康障害によりで就労できない」ということを記載しておきましょう（7章49項）。

前述しましたが、業務上災害が原因の傷病に対しては、療養期間中およびその後30日間は会社を辞めさせられません。ただし、この場合でも療養開始後3年経っても治らないときには平均賃金の1,200日分に相当する打切補償を支払うことで、解雇することができます。なお、療養開始後3年経過以後、労災保険の傷病補償年金を受給する場合には、打切補償とみなすことができ、この場合も解雇することができます。

49 リスクをシャットアウト！勤怠不良、成績不良の労働者の辞めさせ方

不良状態を示す事実を積み上げていくことが大切

　勤務態度が悪かったり、勤怠状況が劣悪だったりする者がいると、組織内にさまざまな悪影響を及ぼすことになるので、排除したいと思うのは、常識的な経営者としての発想でしょう。また、職務を遂行する上で能力を大きく欠如した者についても、業務効率を大きく落とすので、やはり辞めてもらいたいと考えるでしょう。

　こうした者を辞めさせるためには、右ページ下のように解雇事由を就業規則に記載しておくことが必須となります。

●不良社員の排除

　不良社員を解雇にしていくためには、解雇事由の存在を客観的データにより明確にしていくことが重要です。法令上では、「解雇権濫用法理」というものがあり、「客観的に合理的な理由を欠き、社会通念上相当であると認められない」解雇は無効とされます。

　勤怠上の不良ということであれば、出勤簿という客観的データがありますので、これが重要な証拠となります。あとは、例えば連絡なく欠勤した場合など、何月何日に「連絡なし」という事実を備考などに記録をしておきます。

　一方、態度不良者は要注意です。主観ではなく客観的に判断して不良であるということの事実を積み上げていく必要があります。例えば、「◎月◎日に、顧客に向かって『○○○』という暴言を吐き、クレームとなる」などの事実を記録し、時系列的に整理をしていき

ます。他の社員や取引先からの証言も収集しておきます。
　これらの事実で業務遂行上著しい支障をきたすと社会通念上判断がされる場合に、解雇できると理解をしておいてください。
　これらの事実が発生した場合、一事例でいきなり解雇にするのではなく、譴責や減給など懲戒処分の実績をつくっておくと、解雇をするときの労務リスクは下がりますので、できればこうした手順を踏むのがよいでしょう。

●能力不足社員の排除

　能力不足が解雇できるレベルとなっているかどうかの判定には、大変難しいものがあります。相対評価で、劣っていると評定しても、かならず一定人数は対象となってしまうことから、これにより解雇することは認めづらいことになります。この場合もやはり客観視できる事実を積み重ねる方法が堅実です。
　例えば不注意により会社に損害を与えた事実などは、その事実関係を詳細に掌握して整理しておき、訴えられた場合に、対応できる材料を用意していくことが重要となります。

解雇の事由に関しての就業規則規定例

> 第○条　以下の事由による場合、社員を解雇する。
> 　　　①勤務成績、業務能率が著しく不良であると認められるとき
> 　　　②勤怠状況あるいは勤務態度が劣悪であると認められるとき
> 　　　③心身の健康障害により、就労困難であると認められるとき
> 　　　④会社の事業を縮小または廃止をするとき
> 　　　⑤第◎条に従って、賞罰委員会で懲戒解雇が決定されたとき
> 　　　⑥その他前各号に準ずるやむを得ない事由があるとき

50 締めが肝心、解雇手続きのしかた

労働基準法の定めるところにより手続きを進める

●解雇予告

　従業員を解雇する場合、「君はクビだ。明日から出てこなくていいよ」という具合に即刻に解雇することはできるでしょうか。解雇の手続きに関しては、労働基準法にて解雇予告というものが求められています。

> **労働基準法第20条**　使用者は、労働者を解雇しようとする場合においては、少なくとも三十日前にその予告をしなければならない。三十日前に予告をしない使用者は、三十日分以上の平均賃金を支払わなければならない。ただし、天災事変その他やむを得ない事由のために事業の継続が不可能となった場合又は労働者の責に帰すべき事由に基づいて解雇する場合においては、この限りでない。

　このように解雇をする場合には、**解雇予告を30日前までにするか、または、もしすぐに解雇するのであれば解雇予告手当を労働者に支払うことが必要となります**。

　ただし、もし労働者が何らかの不法行為などを行ない、それにより解雇となるような場合においては、所轄労働基準監督署長の認定（解雇予告除外認定）を受けることで、解雇予告は不要になります。ただこれはあくまでも労働基準監督署長の認定が前提となります。懲戒解雇のときには解雇予告手当は要らないと思っている方がいますが、認定がなければこれは違法となります。

●解雇証明書

　退職する場合には、退職証明書を請求されたら交付しなければならないことは前述しましたが、同様に解雇する場合にも、請求があれば解雇証明書を交付しなければなりません。

> **労働基準法第22条2項**　労働者が解雇の予告がされた日から退職の日までの間において、当該解雇の理由について証明書を請求した場合においては、使用者は、遅滞なくこれを交付しなければならない。ただし、解雇の予告がされた日以後に労働者が当該解雇以外の事由により退職した場合においては、使用者は、当該退職の日以後、これを交付することを要しない。この証明書には、労働者の請求しない事項を記入してはならない。

●退職金の支払い

　解雇の際にも、退職金制度があれば、それに基づき退職金の支払を行ないます。懲戒解雇のときには退職金は支払わないというケースがありますが、懲戒解雇だからといって必ず退職金は不支給でよいというわけではありません。

　この場合、まず「懲戒解雇では退職金支給はしない」旨をあらかじめ就業規則に記載していることが前提条件となります。ただし就業規則に記載がされていたとしても、必ず支払い義務を免れるわけではありません。判例では、「それまでの功労を抹消するほどの信義に反する行為があった」ことが要件とされており、懲戒解雇は有効であるが、退職金不支給は無効とされた判例もあります。

　以上、解雇に際しての手続き上の注意事項を述べましたが、後は本章45項、46項で述べた退職時の手続きに準拠していきます。

終章

人事・労務の業務に取り組むための体制

人事・労務の業務に取り組むための体制

中小企業の人事労務業務に取り組むための体制

●多岐にわたる人事労務の業務

　ここまで、企業運営上必要な人事労務に関する取り組み方について、全般的にご案内をしてきました。終章では、これらの取り組みをどのような体制で行なうかについて考えていきたいと思います。

　一言で人事労務といっても、その役割を業務内容・権限・責任の範囲で整理すると相当のボリュームになりますし、またその定義の仕方についても会社によってかなり違うものであると思われます。主だったところだけを捉えても、その役割機能としては例えば以下のように多岐にわたります。

① 人事賃金制度の調査、立案、企画、および運用
② 人事評価制度の調査、立案、企画、および運用
③ 退職金制度の調査、立案、企画、および運用
④ 福利厚生制度の調査、立案、企画、および運用
⑤ 経営組織の変更手続き
⑥ 就業規則の改廃管理、その他人事労務各種書類の管理
⑦ 勤務時間制度の調査、立案、企画、および運用、勤怠管理
⑧ 人材開発制度の調査、立案、企画
⑨ 各種研修プログラムの立案および実施
⑩ 各部門適正要員計画の立案および管理統制

⑪ 採用計画の策定、採用活動、面接
⑫ 各種労務問題管理
⑬ 入退社、人事異動、出向、転籍に関する管理
⑭ 昇給、昇格、降給、降格、昇進、任用、解任の運用手続き
⑮ 賞罰に関する事項の管理、運用
⑯ 人事公報、辞令の作成および発令
⑰ 勤怠管理および給与、賞与、退職金の計算および支給手続き
⑱ 社会保険・労働保険手続き処理
⑲ 社員の慶弔関係に関する手続きおよび管理
⑳ 健康診断の計画と実施、その他安全衛生に関する管理

通常、これらの役割を「人事部門」が担うことになります。人事部門は会社によって「人事部」といったり「労務部」と称したりとさまざまでしょう。大きな組織になれば、採用、人材開発、人事異動管理などを「人事部」、制度立案、労働条件管理、労務対応などを「労務部」という形でセクションを分けているところもあろうかと思います。当然その線引きは会社によって相違があるでしょう。

●中小企業の人事は経営者がカギとなる

ただし、このように人事部門が独立した形で存在している会社は、一定規模以上のところではないでしょうか。おそらく従業員数100名以上の規模にならないと単独での人事部門はないと思います。ただし、本書の読者層は中小企業の経営者・管理者の方を想定しているので、従業員人数も100名以下のところが多いかと思われます。

こうした中小企業では、普通「管理部」（あるいは「総務部」）と称するセクションが、経理、財務、庶務、法務、契約管理などの経営管理業務と一体となって人事・労務の業務を管轄しているものと

思われます。

　この場合、管理部内で人事労務関連の仕事を専門に担当する人数は２～３人といったところでしょうか。この２～３人で、先に掲げた①～⑳の仕事をどのように分担していくかを考えていくということになります。

　ただし担当者レベルで完全に任せておける仕事はおそらく⑯～⑳の５項目のみで、残り（①～⑮）は、担当分けをするものの、「管理部長（あるいは総務部長）」、また内容によっては経営トップ自らが、一緒になってコミットをしていくべきものです。
　もちろん、制度づくりや規程の策定などに関して、労働法などの専門知識を持ったスタッフがいれば任せられますが、それでも①～⑮の事項に関しては何らかの形で経営としての判断が求められるものです。任せても放置はしないようにしなければなりません。

●人事労務部門に必要な人材

　こうしたいわゆる「管理部」にて人事労務事項を取り組ませる上で、経営として留意をするべきことがあります。それは、「管理部長」のキャリアを踏まえた上で、協働していくということです。
　多くの会社では、「管理部長」は、おそらく経理畑の人がなっているのではないかと推察します。序章でも述べましたが、創業期から第一成長期にある企業では、資金繰りをどうするかが最大のテーマとなることからカネを中心に企業運営を進めることになりますので、税理士や公認会計士と共通言語を持ってコミュニケートできる経理のエキスパートを雇い、管理部長などのポストに遇するケースが一般的に多く見られます。
　こうしたキャリアの人はカネに関するエキスパートですので、や

やもすると企業運営をドライに割り切って推進する向きがあるのではないでしょうか。

理屈通りにはいかない「ヒト」という経営資源をコントロールするのには若干不得手の可能性もあります。こうしたケースの場合には、人事労務事項の経営判断に関して、経営トップが意識をして介入していくべきでしょう。管理部長や人事担当スタッフの仕事の状況に目を配るように心がけます。また、できれば管理部長が経理畑であればなおさら、人事担当スタッフの中でひとりは労務の専門知識を持った者をリーダーとして配置したいところです。

人事労務に関する仕事は、それなりに専門的な知識、情報に基づいて行なうべきものです。学校を卒業して入ってきた新入社員が簡単に対応できるものではありません。それなりの人事畑のキャリアを持った人材を迎え入れたいところです。

もしそうした専門性のある担当リーダーがおらず、管理部長が経理畑という場合には、おそらく、制度設計や人材開発機能（先に掲げた項目の①～⑩）がほとんど手付かずの状態になる危険性があります（もちろん、管理部長が人事畑のキャリアであればそうした心配はないかもしれませんが）。

ここまで本書を読んでいただければ、これらをないがしろにすることは企業経営上、**中長期的に結局は損失となる**ことはご理解していただけたと思います。先行投資をしていくつもりで、こうした人材をしっかりと配することを心がけていただきたいと思います。

●経営者自らのハンドリングが必要

しかしながら、例えば従業員数が30名未満といった小さな規模の会社では、そうも言っていられないのが実情であるということも

よくわかります。その場合は、どうするべきでしょうか。

そのときは、やはり**経営トップが実務面も含めて積極的に関与を**していくしかありません。経営トップが自ら、人事労務に必要なことを勉強し、直接ハンドリングをすることが必要になります。

本書は、まさにそのように関与をしていかざるを得ない立場の経営者のために用意したものです。本書に書かれた情報をしっかりと頭に叩き込み、管理部長やスタッフに対して、直接に的を射た指示ができるだけのポテンシャルを身につけていただきたいのです。

また、あわせて、経理畑出身の管理部長には、「人事労務に関する業務は真剣に勉強した上でないと太刀打ちできない」ということをしっかりと認識してもらい、本書を渡して勉強してもらうということも大切です。本書の知識を踏まえていただき、経営トップと管理部長が二人三脚で対応していただければ、大きな判断ミスもせず、健全な人的資源管理ができるものと考えます。

あわせておすすめをしたいのが、社会保険労務士の有効活用です。一般企業では規模の相当に小さいところでも税理士とは顧問契約を取り交わしていると思いますが、社会保険労務士とは契約されていない会社も多いのではないでしょうか。

社会保険労務士といえば、社会保険手続きに関する"代書屋"といったイメージを持たれている方もいらっしゃるかと思いますが、人事労務全般に関する知識を持った専門家ですので、**人的資源管理に関することはいろいろと相談相手になりますし、また実務的なお手伝いもしてもらえる**はずです。

企業運営の財務経理面で税理士にアドバイスをもらっているのと同じように、人事労務面では社会保険労務士をうまく使ってください。

あとがき

　筆者自身、現在は社会保険労務士の仕事をしているのですが、以前は企業の経営管理者という立場で人事労務に携わっておりました。

　労務、つまり"ヒトに関わる社内のタスク"はさまざまな形で毎日のように押し寄せてくるものです。それに真剣に取り組んでいけば、必ずヒトの熱い想いとしてはね返ってくる、逆におざなりな対応をすれば組織にボディブローを与えていくことになるということを実感として持っておりました。

　しっかりと対応するためには必要な知識も身につけなければなりませんが、その当時の自分にはそれが不十分であり、場当たり的な対応をしてしまったこともありました。「欠かせない情報が１冊の本にまとめられていればよいのに」と思ったりしたものです。その後、脱サラをして社会保険労務士になり、さまざまな経営者の方の相談に乗っていくにつれ、経営者あるいは経営管理者に最低限身につけておいてもらいたい人事労務情報を整理しなければならないという使命感をより一層強く持つようになりました。

　企業内の経営管理者の立場、そして企業を外から眺める社会保険労務士の立場、自分が経験したそれぞれの視点から振り返って総合的に必要と思われる知識・知恵を集約したものが本書です。本書が読者諸氏のビジネスの一助となれれば幸いです。

　　　　　　　　　　　　　　　　　　　　　　　　池内　恵介

著者略歴

池内恵介（いけうち　けいすけ）

特定社会保険労務士、中小企業診断士、人事コンサルタント
社会保険労務士事務所　早稲田労務経営　所長

1962年生まれ。1986年、早稲田大学法学部卒業。同年株式会社三越入社。企業内労働組合での中央副執行委員長など組合役員の経験も含め、人事労務中心にキャリアを積む。三越を退社後、マーケティングコンサルティング会社取締役、アミューズメント機器製造企業の人事部長などを務めた後、独立開業する。労使双方の経験を武器に、中堅企業、中小企業における人事労務面の対応、人的リストラ対策を含めた雇用調整問題などへの対応には定評がある。また中小企業診断士の立場から経営計画策定の支援なども手がけている。「人の問題で悩んでいる中小企業経営者の笑顔を取り戻す」ことを日々の目途として活動を展開中。著書に『独学・過去問で確実に突破する！「社労士試験」勉強法』（同文舘出版）がある。

Email　kei-ikeuchi@eva.hi-ho.ne.jp
URL　　http://www.waseda-hm.com

本書は平成23年4月現在の法律に基づいて作成しております。

採用から退職までの実務がよくわかる
中小企業のための人事労務ハンドブック

平成23年9月7日　初版発行

著　者——池内恵介

発行者——中島治久

発行所——同文舘出版株式会社
　　　　　東京都千代田区神田神保町1-41　〒101-0051
　　　　　電話　営業03(3294)1801　編集03(3294)1802
　　　　　振替　00100-8-42935　http://www.dobunkan.co.jp

©K. Ikeuchi　　　　　　　　　ISBN978-4-495-59481-7
印刷／製本：萩原印刷　　　　　Printed in Japan 2011